片花落无声 演变中的古代时尚

图书在版编目(CIP)数据

片花落无声:演变中的古代时尚/曹喆著. —北京:中华书局,
2021.10
ISBN 978-7-101-12418-7

Ⅰ.片… Ⅱ.曹… Ⅲ.妇女-生活史-中国-古代
Ⅳ.D442.9

中国版本图书馆 CIP 数据核字(2017)第 006841 号

书　　名	片花落无声:演变中的古代时尚
著　　者	曹　喆
责任编辑	朱　玲
出版发行	中华书局
	(北京市丰台区太平桥西里 38 号　100073)
	http://www.zhbc.com.cn
	E-mail:zhbc@zhbc.com.cn
印　　刷	北京盛通印刷股份有限公司
版　　次	2021 年 10 月北京第 1 版
	2021 年 10 月北京第 1 次印刷
规　　格	开本/920×1250 毫米　1/32
	印张 8¼　插页 2　字数 150 千字
印　　数	1-6000 册
国际书号	ISBN 978-7-101-12418-7
定　　价	68.00 元

片 花 落 无 声

演变中的古代时尚

曹 喆 著

目 录

前言

一个有趣的问题，宋代张择端所绘的《清明上河图》一共画了多少人？以前有人说是五百余，后有好事者想出一招，就是在每个人头上放一粒米，然后数米粒，最后得到的数字是八百一十五。我要问的是，这幅画里有多少女性？无论怎么数，这个数字好像都不超过二十。《清明上河图》中的女性几乎都是带孩子的中年妇女。这不是偶然现象，清代宫本《清明上河图》中女性人数稍多，但主要是集中在宫城中的宫女，城外市井中的女性极少。清代另外还有《康熙南巡图卷》也大致如此，图中只有少数中老年妇女，应是官员家属。如果这些图真实反映了社会状况，那么那些年轻女子在哪里？在干什么呢？

如果到保留完好的江南古镇游览一下，就能找到答案。古镇里的院落一般多进分布，也就是内外是阻隔开的，一般客人来了，只到客厅为止，女眷在内，不与外人见。即使进到里厅，也不大可能见到年轻女子，因为里厅多是两层，女子住在楼上绣楼里。绣楼面对厅中央有栏杆，从下往上看很暗，且有雕花栏杆阻挡，楼上女子看下边则很清楚。也就是说，稍微殷实一点的人家的女孩子在出嫁前，基本就在家呆着，绣花看书之类。若非生活所迫和非不得已，女性是不抛头露面的。《清明上河图》确实反映了真实的状况。

那么，古代女性在半隔绝的情况下，如何让自己的妆扮和时尚同步呢？翻看二十四史等正史的时候，发现这真是个问题，因为那些男性史官为女性留的空间太少了，别说关于妆扮这种被史官认为鸡毛蒜皮的事的文字很少，其他如女性穿着、外貌、事迹等的记载也多简略。例如《旧唐书》中对杨贵妃的外貌描写仅四个字"姿质丰艳"，《新唐书》中为"姿质天挺"。《唐大诏令集》中《册寿王杨妃文》则为"诞钟粹美，含章秀出"。在《旧唐书》中对武则天的外貌描写仅三个字"美容止"，《新唐书》中为"有色"。要从正史中知道古代佳人的面貌，只有从这些极抽象的文字上发挥最大想象力了。

二十四史中也有记载时尚妆扮的，不过多作为负面记载放在"五行志"当中，称为"服妖"，也就是这些妆扮是后来不幸事件的征兆。如《新唐书·五行志一》记："天宝初，贵族及士民好为胡服胡帽，妇人则簪步摇钗，衿袖窄小。杨贵妃常以假鬓为首饰，而好服黄裙。近服妖也。"又有："唐末，京都妇人梳发，以两鬓抱面，状如椎髻，时谓之'抛家髻'。又世俗尚以琉璃为钗钏。近服妖也。"《宋史·五行志三》记："（绍兴）二十三年，士庶家竞以胎鹿皮制妇人冠，山民采捕胎鹿无遗。时去宣和未远，妇人服饰犹集翠羽为之。近服妖也。""绍熙元年，里巷妇女以琉璃为首饰。《唐志》琉璃钗钏有流离之兆，亦服妖也，后连年有流徙之厄"。再如《明史·五行志二》记："正德元年，妇女多用珠结盖头，谓之璎珞。十三年正月，车驾还京，令朝臣用曳撒大帽鸾带。给事中朱鸣阳言，曳撒大帽，行役所用，非见君服。皆近服妖也。"

和正史冷淡态度呈明显对比的是历代女性的装扮热情。以发型为例，历朝女子发型不但样式繁多，并且从魏晋开始，发型越做越大，唐代出现各种高大发式，听名称就知道这些发髻的规模，如"惊鹄髻""飞天髻""望仙髻"等。到了清代可能觉得仅从高大上已经难以有什么突破，就向头两侧延展。但是与缠足相比，发型创新就不算什么了。戕害身体的缠足，居然流行了近十个世纪，清末甚至成为评价女性的第一标准。为了达到美的标准，忍受非人的痛苦，将脚限制在三寸以内，搞得折筋断骨，这是一种怎样的畸形审美啊！

关于女性妆容、仪态等相关的问题，实际就是人类追求自身完美的问题。《红楼梦》第二回，曹雪芹借贾宝玉的口说"女儿是水作的骨肉"。相信曹雪芹的意思就是说，女孩子在本质上就是美的。不过少有女孩子认为自己是完美的，毕竟能够如虢国夫人那样"却嫌脂粉污颜色"的是少数。人多是不完美的，以打扮来尽量完美，是多数女性亘古不变的信条。将自己作为艺术品打扮，自己是欣赏者也是被欣赏者，妆扮当是一个有趣的过程，研究这个历史也当是个有趣的过程。

本书的初衷是将古代女性的妆容史以一种可读性比较强的方式展开，随着查找文献工作的逐渐深入，在历代笔记小说中发现了很多被正史遗弃的碎片。为了弄清楚一些小问题，便如同做拼图一样，将几十本笔记小说中找到的点滴资料组在一起。有的组合虽然还不够完善，但毕竟能看到一些端倪。而有些记述虽和妆容不十分相关，依旧能让我们感受到古代鲜活的女子形象，实在不忍丢了，就一并放在文里了，希望能尽量把有趣生动的史实转述给读者。所以本书又不完全限于妆容问题，也包含了反映古代女性的其他方面。

清代虫天子将古代和女性相关的一些笔记小说编到一起，合为《香艳丛书》，实为查找资料增加了很多便利。本书写作过程中参考了其他学者的一些专著，这些专著有：孟晖《贵妃的红汗》、扬之水《古诗文名物新证》、高洪兴《缠足史》、王书奴《中国娼妓史》、刘巨才《中国选美史》、谭帆《优伶史》、马大勇《红妆翠眉》等。通过这些著述的指引，笔者按图索骥找到了相关古文献。向这些前辈和同行表示诚挚感谢和敬意！

还要感谢凤歌堂提供的藏品，江苏工程职业技术学院张蕾老师提供的刺绣实物。感谢苏桂芳和冯娇为本书插图所做的技术处理工作。

曹喆

2021 年 1 月 25 日

一 >> 旷古佳人

《诗经》中的"窈窕淑女，君子好逑"让后人对远古佳人有着最美好的想象，人们多将自己那个时代所认为的美赋予"窈窕淑女"。不过远古美的标准和现在不大一样，最初"美"带有明显的功利性。因为环境恶劣，早期人类的生存非常不易，所以必须以繁殖数量来保证种族延续，能生养就是衡量女性美的标准，象征生育的丰乳肥臀形象应该就是那时追求的美。母系氏族社会，女性占据主导地位，此时女性美的标准应该是女子更有发言权。一旦进入男性控制权力的父系氏族社会，情况就改变了，女性基本上以温婉柔顺为美，这个趋势持续了几千年，直到现在似乎还依旧是这个标准。

第一节　早期美人

《康熙字典》引《正韵》解释"美"："嘉也，好也。"清代段玉裁《说文解字注》对美的解释为："甘者，五味之一，而五味之美皆曰甘。引伸之凡好皆谓之美。"美即是好，带有明显的功利性。对于"好"字《说文解字》解释为："美也。从女子。"《说文解字注》："好本谓女子。引伸为凡美之称。"从这些解释可以知道，在汉字里美和好是同义词，与女子相关。史前人类对美女的认定在世界范围内具有相似性。

1908 年，考古学家约瑟夫·松鲍蒂（Josef Szombathy）在奥地利维伦道夫（Willendorf）附近一旧石器时代遗址发现了一个裸体女性雕像，雕像高 11 厘米，由一块带有红赭色彩的石灰石雕刻而成，这个雕像被称为维伦道夫的维纳斯。古罗马神话中，"维纳斯"是爱和美的女神，也称"生育女神"（图 1-1）。

二十年后，在乌克兰的顿河河畔又发现了旧石器时代的女性裸体像，共有 7 个，高 8 至 13 厘米不等，都明显地突出乳、腹、臀等女性特征，身体的其他部位则简略。从欧洲大西洋沿岸开始经法国、意大利到中欧、东欧等，在大约六十处旧石器时代遗址中发现有史前女裸体雕像。这些女像都有夸张的乳房、臀部和肥大的腹部，头部较小而且造型非常简略。

法国发现的"罗塞尔的维纳斯"（图 1-2），是旧石器时

图 1-1 维伦道夫的维纳斯

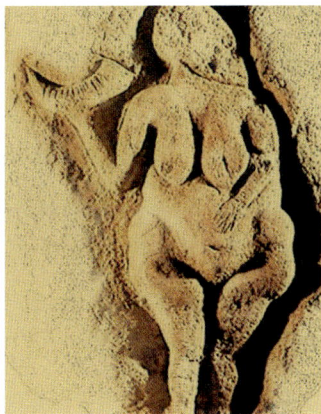

图 1-2 罗塞尔的维纳斯

代晚期的雕塑，用石灰石雕刻，浮雕上的裸女手持兽角，乳房、腹部都很肥大。

我国的一些史前遗址中，发现了一些女性雕像。如辽宁省喀喇沁左翼大凌河西岸东山嘴村，发现了两件女性陶塑像。陶像为裸体立像，腹部隆起、臀部肥大，女阴用记号表现。河北省滦平金沟屯后台子村，发掘出土六件石雕女坐像，都显示饱满的乳房和隆起的腹部，女性外阴用凹坑表示。宁夏中卫北山大麦地岩画分布区也发现了一幅史前裸女岩画，同样是有着饱满的乳房、隆起的腹部和肥大的臀部。

这些早期女性雕像或岩画是我们所知道的最早美人，反映了当时的人类对于女性美的认识。为什么世界范围内的早期女性有着如此一致的形象，是一个令人感兴趣的话题。有一种观念，如美国文化人类学家理安·艾斯勒（Riane Eisler）在《圣杯与剑——男女之间的战争》中认为，这些雕像是母系社会女性崇拜、女神崇拜的神像。早期人类面临的首要问题是种族生存和繁衍，当时生存能力低下决定了生育有着至高无上的地位，也就是说能生育的女性在族群中有着重要地位。可以猜想，这些丰乳、隆腹、肥臀的女性雕像可能表示对族中孕妇的致敬，或者是用来祈祷的生育女神，保佑族群繁衍不衰。因此，当时被认为美的女性应该就是孕妇的样子。

劳动的分工决定了女性形体的走向。早期的人类群落就开始有分工，重要的有狩猎和采集活动，男性主要从事狩猎，女性则负责采集活动。逐渐地，女性从事的活动包括加工、保存、贮藏等任务，当然还有生育和哺乳。这些活动决定了女性体型逐渐朝脂肪多、肌肉少的柔性化方向发展。女性体型美的标准趋向丰满的双乳、腹部和臀部。人类早期，男性还没有成为支配女性美的绝对力量，对女性美的判断明显出于功利目的，能生养便是美的。

在母系氏族，对美的评判应该是相对公平的。虽然很难完全了解远古时期母系氏族的人们是如何审美的，但从现在还存在的具有母系氏族特征的泸沽湖摩梭人那里似乎可以看到一些端倪。泸沽湖摩梭人家庭以母亲为核心，女孩十四岁之后，家里就给她在祖屋旁边盖一间婚房，称为"花房"。"阿肖"是有情爱关系的泸沽湖摩梭人男女双方的互称，彼此又称"肖波"。"阿肖"婚姻方式是"走婚"，男女双方婚后依旧属于自己原有的家庭，并且财产是分开的。男方婚后晚上到女方家住宿，第二天早上还回到自己家中。妻子所生子女属于女方，使用母亲的姓氏，男方一般不承担抚养义务。一对男女之间的"阿肖"关系不是固定不变的，一个男子或女子的"阿肖"数目也不一定。这种婚姻除了不能发生在有着同一母系血缘的男女之间外，并无太多禁忌。这样对财产、门第之类的因素就不必考虑，而对方的外貌和才能就成为了第一要素。女方的意愿会得到最大限度的尊重，通常女方的爱憎决定了相亲是否成功。女方如果有意愿，那么一般是由男子赠送礼物给女方，也可能女方索取礼物或者赠送礼物给男方。一旦"阿肖"关系建立，女方母亲或姊妹可将男子送到女子的卧室——花房。如果一对"阿肖"相处一段时间后觉得性格不合，无论男方或女方都可主动结束这种关系。如果男方要解除关系，只要向女方说一声"我以后不来了"就行了。如果是女方要解除关系，只要告诉男方"你不要来了"，就可以了。摩梭人的婚姻将审美作为第一要素，所以他们下一代也多美丽健壮。从摩梭人的婚姻可以看到男女审美的平等性。

这种审美平等性在进入以男性为主导的父系社会后，就不复存在了。父系氏族的财产和权力在男性之间传承，女子逐渐成为男性的附庸。从记载看，夏商周时期，美女常常成为战利品、贡品或财产，女子地位下降，男子逐渐成为社会审美观的主宰。夏桀的三个妻妾都是抢夺而来，《国语·晋语》记载："昔夏桀伐有施，有施人以妹喜女焉。"《太平御览》卷一百三十五引《纪年》："后桀伐岷山，岷山女于桀二人，曰琬，曰琰。"商纣王所宠爱的妲己，是纣王讨伐有苏掠来的。周幽王所宠爱的褒姒，是幽王伐褒国时掠来的。《史记·殷本纪》记载说，商纣王囚禁西伯周文王，西伯的臣子闳夭之徒，用美女、奇物、好马献给纣王，纣王于是释放了西伯。《左传·襄公三十年》记载说，楚公子围发现大司马蒍掩的妻妾美丽，就杀了大司马蒍掩，夺了人家的妻室。

在男性主导的封建社会，男性对女性美的好恶直接影响了女子的外形，包括体型、发式、妆容、服饰等等。另外，还有大量规范用来约束女性活动，将女性活动限制在家庭范围内。汉代刘向所著《列女传》中记述的女性被认为是道德规范的代表，如文中所记载"周室三母"，即太王的妻子、王季的母亲太姜，王季的妻子、周文王的母亲太任，文王的妻子太姒的故事。刘向《列女传·母仪·周室三母》记载太姜生育了太伯、仲雍、王季三个儿子，并且把三个儿子都培养成贤德之人，太姜还是贤内助，协助丈夫太王谋划大事。周文王的母亲太任，在她怀着文王时，"目不视恶色，耳不听淫声，口不出敖言"，周文王后来建立了周朝。太姒嫁给周文王后，生育了包括武王在内的十个儿子。太姒遵循妇道，对婆婆太任、太婆婆太姜非常孝顺。"文王治外，文母治内"，太姒辅佐文王，管理内事。太姒培养了周武王和周公两位杰出人物。从周室三母的事迹可以看出，生子、教子、辅佐丈夫、遵循礼教妇道和孝道、搞好内务等是封建社会中国古代女子的主要行为规范。

第二节　神女故事

　　战国时期，楚国宋玉写过一篇著名的《神女赋》，是《高唐赋》的姊妹篇，描写了楚襄王与巫山高唐女神相遇的故事。这个典故在后世诗词中使用频繁。我们可以在唐诗宋词中无数次见到"宋玉""高唐""神女""朝云""襄王"等关键词。如李涉《遇湖州妓宋态宜二首》其一："曾识云仙至小时，芙蓉头上绾青丝。当时惊觉高唐梦，唯有如今宋玉知。"白居易《卢侍御小妓乞诗座上留赠》："好似文君还对酒，胜于神女不归云。梦中那及觉时见，宋玉荆王应羡君。"李群玉《赠人》："曾留宋玉旧衣裳，惹得巫山梦里香。云雨无情难管领，任他别嫁楚襄王。"毛文锡《赞浦子》："正是柳夭桃媚，那堪暮雨朝云。宋玉高唐意，裁琼欲赠君。"苏轼《满庭芳·佳人》："坐中有狂客，恼乱愁肠。报道金钗坠也，十指露，春笋纤长。亲曾见，全胜宋玉，想像赋《高唐》。"秦观《南乡子》："妙手写徽真，水剪双眸点绛唇。疑是昔年窥宋玉，东邻，只露墙头一半身。"甚至苏东坡的爱妾也叫朝云（图1-3）。这些足以说明巫山神女的故事是多么深入中国文化。

图1-3 清·王素（传）《朝云小像》局部
（清华大学美术学院藏）

《神女赋》将巫山神女描写得无与伦比的美妙，应该算是穷尽文字所能了。赋的一开始讲述宋玉与楚襄王游云梦，宋玉给楚襄王讲了巫山神女的故事，并作了《高唐赋》。当夜楚襄王果然梦见与神女相遇。第二天他把他梦中所见讲给宋玉听，神女"茂矣美矣，诸好备矣。盛矣丽矣，难测究矣。上古既无，世所未见，瑰姿玮态，不可胜赞。其始来也，耀乎若白日初出照屋梁；其少进也，皎若明月舒其光。须臾之间，美貌横生，晔兮如华，温乎如莹。五色并驰，不可殚形。详而视之，夺人目精。其盛饰也，则罗纨绮缋盛文章，极服妙采照万方。振绣衣，披袿裳，秾不短，纤不长，步裔裔兮曜殿堂。忽兮改容，婉若游龙乘云翔。嬛披服，倪薄装，沐兰泽，含若芳。性和适，宜侍旁，顺序卑，调心肠"。神女的美是夺人心魄的。

　　楚襄王让宋玉用赋的形式把他梦到的景象描写出来："夫何神女之姣丽兮，含阴阳之渥饰。披华藻之可好兮，若翡翠之奋翼。其象无双，其美无极；毛嫱鄣袂，不足程式；西施掩面，比之无色。近之既妖，远之有望。骨法多奇，应君之相。视之盈目，孰者克尚。私心独悦，乐之无量。交希恩疏，不可尽畅。他人莫睹，王览其状。其状峨峨，何可极言。貌丰盈以庄姝兮，苞温润之玉颜。眸子炯其精朗兮，瞭多美而可观。眉联娟以蛾扬兮，朱唇的其若丹。素质干之酸实兮，志解泰而体闲。既婗婳于幽静兮，又婆娑乎人间。宜高殿以广意兮，翼放纵而绰宽。动雾縠以徐步兮，拂墀声之珊珊。望余帷而延视兮，若流波之将澜。奋长袖以正衽兮，立踯躅而不安。澹清静其惵嬺兮，性沉详而不烦。时容与以微动兮，志未可乎得原。意似近而既远兮，若将来而复旋。褰余幬而请御兮，愿尽心之惓惓。怀贞亮之洁清兮，卒与我兮相难。陈嘉辞而云对兮，吐芬芳其若兰。精交接以来往兮，心凯康以乐欢。

神独亨而未结兮，魂茕茕以无端。含然诺其不分兮，喟扬音而哀叹。颜薄怒以自持兮，曾不可乎犯干。于是摇佩饰，鸣玉鸾，整衣服，敛容颜，顾女师，命太傅。欢情未接，将辞而去，迁延引身，不可亲附。似逝未行，中若相首。目略微眄，精彩相授，志态横出，不可胜记。意离未绝，神心怖覆，礼不遑讫，辞不及究，愿假须臾，神女称遽。徊肠伤气，颠倒失据，暗然而暝，忽不知处。情独私怀，谁者可语？惆怅垂涕，求之至曙。"

后世对中国古代美女的描写基本不出于巫山神女左右，神女形象是古代中国女性美的浓缩符号，神女是中国古代真正意义上的"维纳斯"。更重要的是，神女有着爱的欲望，但最终止于礼仪，没有和楚王云雨。这一点符合《史记·屈原贾生列传》中所说"好色而不淫"的境界。战国时期楚地出土的帛画反应了当时女子"婉若游龙乘云翔"的美（图1-4）。

图1-4 战国·长沙马王堆出土帛画中的女子（湖南省博物馆藏）

可是，神女毕竟是神女，人间的毛嫱、西施都没她美丽（图1-5），所谓不可求也。宋玉又有一篇《登徒子好色赋》，写的是世间的楚国佳人，似乎要亲切许多："天下之佳人，莫若楚国。楚国之丽者，莫若臣里。臣里之美者，莫若臣东家之子。东家之子，增之一分则太长，减之一分则太短。着粉则太白，施朱则太赤，眉如翠羽，肌如白雪，腰如束素，齿如含贝，嫣然一笑，惑阳城，迷下蔡。"楚国宋玉讲述自家东邻的女子，身材不高不低，白皙红润，无需粉脂修饰，牙齿洁白整齐，嫣然一笑迷倒了阳城和下蔡的男子。"是时向春之末，迎夏之阳，鸧鹒喈喈，群女出桑，此郊之姝，华色含光，体美容冶，不待饰装。"采桑的女子在春末夏初的阳光下，美妙艳丽，光彩照人，体型端庄美丽，无需装饰。

图1-5 宋·周文矩《西子浣沙图》（故宫博物院藏）

从宋玉的描写中，我们可以看到，无论神女或是东家之子，女性美所具备的特征应该是皮肤白皙、嘴唇红润、眉目清秀、身形修长飘逸。这些在《诗经》对女性的描写中也可以看到，如《诗经·硕人》："手如柔荑，肤如凝脂，颈如蝤蛴，齿如瓠犀，螓首蛾眉，巧笑倩兮，美目盼兮。"《楚辞·大招》描写的舞女也有如此之美："朱唇皓齿，嫭以姱只。比德好闲，习以都只。丰肉微骨，调以娱只。魂乎归徕！安以舒只。嫭目宜笑，娥眉曼只。容则秀雅，稚朱颜只。魂乎归徕！静以安只。姱修滂浩，丽以佳只。曾颊倚耳，曲眉规只。滂心绰态，姣丽施只。小腰秀颈，若鲜卑只。魂乎归徕！思怨移只。易中利心，以动作只。粉白黛黑，施芳泽只。长袂拂面，善留客只。"《楚辞》所描绘的绝世美女除了上述唇红齿白等特征外，还有丰腴肌肤、纤细身材、弯弯的眉毛、细腰秀颈、丰满的面颊、精巧的耳朵，再加上傅粉描眉，香味馥郁，长袖拂过脸庞，殷勤待客，自然是美得让人难忘。

曹植《洛神赋》所描写的完美女性，形象与此类似："其形也，翩若惊鸿，婉若游龙，荣曜秋菊，华茂春松。髣髴兮若轻云之蔽月，飘飖兮若流风之回雪。远而望之，皎若太阳升朝霞；迫而察之，灼若芙蕖出渌波。秾纤得所，修短合度。肩若削成，腰如约素。延颈秀项，皓质呈露，芳泽无加，铅华弗御。云髻峨峨，修眉联娟，丹唇外朗，皓齿内鲜。明眸善睐，靥辅承权，瑰姿艳逸，仪静体闲。柔情绰态，媚于语言。奇服旷世，骨像应图。披罗衣之璀粲兮，珥瑶碧之华琚。戴金翠之首饰，缀明珠以耀躯。践远游之文履，曳雾绡之轻裾。微幽兰之芳蔼兮，步踟蹰于山隅。于是忽焉纵体，以遨以嬉。左倚采旄，右荫桂旗。攘皓腕于神浒兮，采湍濑之玄芝。"从传为东晋顾恺之所绘的《洛神赋图》中，我们可以直观地看到"翩若惊鸿，婉若游龙"的魏晋时期女性形象。（图1-6）

曹植《美女篇》所描写的美女比神女要亲切许多："美女妖且闲，采桑歧路间。柔条纷冉冉，落叶何翩翩。攘袖见素手，皓腕约金环。头上金爵钗，腰佩翠琅玕。明珠交玉体，珊瑚间木难。罗衣何飘飘，轻裾随风还。顾盼遗光彩，长啸气若兰。"美女采桑捋上袖子，露出了洁白的手，手腕上戴着金手镯，头上插着金爵钗，腰上佩着翠绿色玉石，身上带着明珠并点缀着宝珠和珊瑚。罗衣轻裾随风飘动，顾盼之间神采飞扬，气息犹如幽兰般芳香。

种种关于美人的描写涉及到颈、手、肌肤、牙齿、眉眼等等。美人体形都较为苗条柔软，身体各部位精致细腻，配以罗衣雾绡以及飘带等饰物，显出飘逸灵动。可以看到战国到魏晋之际，关于女性美的评价，和早期完全不同了。

图1-6 东晋·顾恺之（传）《洛神赋图》局部（故宫博物院藏）

第三节　倾国倾城

《玉台新咏》序中有一段描述美女的文字："至如东邻巧笑，来侍寝于更衣；西子微矉，得横陈于甲帐。陪游馺娑，骋纤腰于结风；长乐鸳鸯，奏新声于度曲。妆鸣蝉之薄鬓，照堕马之垂鬟。反插金钿，横抽宝树。南都石黛，最发双蛾；北地燕脂，偏开两靥。亦有岭上仙童，分丸魏帝；腰中宝凤，授历轩辕。金星将婺女争华，麝月与嫦娥竞爽。惊鸾冶袖，时飘韩掾之香；飞燕长裾，宜结陈王之珮。虽非图画，入甘泉而不分；言异神仙，戏阳台而无别。真可谓倾国倾城，无对无双者也。"中国历史上出现过许多可以被称为倾国倾城的美人，正史为她们留了一席之地，在拥挤的正史中能被提到"美容止"、"有绝色"、"有姿色"必是不一般的美丽。还有一些没有被提到姿容的女性，她们的事迹告诉后人她们必是绝代佳人，因为她们的美丽和一些著名历史事件密切相关。

刘向在《列女传》中提到夏姬："其状美好无匹，内挟伎术，盖老而复壮者。三为王后，七为夫人。公侯争之，莫不迷惑失意。"夏姬是春秋时期郑穆公的女儿，是那个时代著名的美女。她的记录今天听着也是相当惊人，《左传·昭公二十八年》记载了叔向（羊舌肸）的母亲的一段话，概括了夏姬的生平："子灵之妻杀三夫、一君、一子，而亡一国、两卿矣。"

夏姬本人姓姬，嫁与陈国大夫夏御叔为妻，故称夏姬。夏姬与夏御叔生下儿子徵舒。夏御叔死后，夏姬与陈灵公、公孙宁、仪行父等人私通。徵舒知道后，射杀灵公后自立为陈君，公孙宁等逃到楚国并说服楚国出兵伐陈。夏姬被楚庄王所俘。一开始楚庄王想纳夏姬，申公巫臣（又称屈巫）进谏：君王号召诸侯讨伐有罪的人，不能贪色。贪色叫做淫。楚庄王打消了要纳夏姬的想法，将夏姬转给连尹襄老为妻，不久襄老战死，襄老的儿子黑要又和夏姬通奸。将军子反想娶夏姬，巫臣又跳出来说，夏姬是一个不吉祥的女人。可是后来巫臣谋划让夏姬去郑国，并借送行的机会和夏姬私奔到晋国成婚。因为这件事，楚王派公子婴齐抄没了屈巫家族。巫臣知道自己全家被灭，到吴国说服吴王攻打楚国，差点灭了楚国。巫臣和夏姬私奔时，夏姬已年过四十，可知夏姬的魅力。

息妫是春秋时期另一位美女，她的事迹出现在《左传》、《吕氏春秋》、《列女传》、《史记》等文献中。息妫是春秋时期的陈国公主，嫁给了息国的国君息侯，被称为息夫人。出嫁时途经蔡国，蔡国国君蔡哀侯接待息夫人时有轻薄举动，被息夫人拒斥。息国弱小，息侯向楚文王献计，请楚国发兵假装进攻息国，息国向蔡国求救。蔡国一出兵，楚国就可以趁虚大败蔡国军队。楚文王依计果然大败蔡军，并俘虏蔡哀侯。蔡哀侯便告知楚文王息妫的美貌，楚文王便令大军将息国灭了，并俘虏了息侯，将息夫人占为己有。《列女传》说息妫贞烈，和息侯一起自杀了。不过历史上的息夫人死在楚文王之后。息夫人因其美貌被称为"桃花夫人"，后世有不少以她为题材的诗歌，如王维《息夫人》："莫以今时宠，能忘旧日恩。看花满眼泪，不共楚王言。"杜牧《题桃花夫人庙》："细腰宫里露桃新，脉脉无言几度春。至竟息亡缘底事？可怜金谷坠楼人！"洪亮吉《题息夫人庙》："空将妾貌比桃妍，石上桃花色可怜。何似望夫山上石，不回头已一千年。"

《左传·僖公四年》记载了另一位春秋时期的乱世佳人——骊姬。骊姬是骊戎国君的女儿，极其美丽。晋献公于公元前672年，出兵攻打骊戎，十年后灭了骊戎，将骊戎国君的女儿骊姬俘回国内。献公十分宠爱骊姬并立她为夫人。骊姬为献公生了一个儿子，叫奚齐。她希望奚齐能当上国君，就开始设计企图除掉另外三个公子：申生、重耳和夷吾。骊姬买通晋大夫梁五和嬖五，让他们对晋献公进言，将太子申生派去镇守曲沃，又派公子重耳、夷吾分别防守蒲城和南北屈。献公听从了这个建议，只留下奚齐与卓子二人在身边，史称"二五害晋"。太子申生从曲沃送来一块祭肉给晋献公，骊姬暗中在祭肉放上毒药加罪于太子，迫害死了太子，并诬重耳、夷吾参与申生的阴谋，把两位公子逼到狄国和梁国去了。奚齐被立为太子。公元前652年，献公死，奚齐继立。晋大夫里克等杀死奚齐，迎接公子夷吾登王位为晋惠公，公元前650年，骊姬被杀。唐代岑参写过一首诗《骊姬墓下作》概述了这件事："骊姬北原上，闭骨已千秋。浍水日东注，恶名终不流。献公恣耽惑，视子如仇雠。此事成蔓草，我来逢古丘。蛾眉山月苦，蝉鬓野云愁。欲吊二公子，横汾无轻舟。"

战国时期，在赵国做人质的秦国公子子楚遇到商人吕不韦，吕不韦出钱出力，帮助子楚最终登上秦国王位。子楚在赵国做人质期间到吕不韦府上饮酒，席间看中了吕不韦的歌妓。这位美丽的赵国女子被称为赵姬，也就是后来的秦始皇的母亲。赵姬的一生绯闻缠身，一开始是与吕不韦关系暧昧，后与嫪毐私通，并生下孩子。秦始皇杀了嫪毐，幽禁了赵姬，同时下令，凡为太后之事进谏者杀，先后有二十七人因此被杀。齐人茅焦最终说服秦始皇将太后接回咸阳，结局还算圆满。赵姬一生的波澜与她过于美丽和任性是分不开的。赵姬的故事在《史记》中有精彩记述。

李商隐有一首诗《北齐》："一笑相倾国便亡，何劳荆棘始堪伤？小怜玉体横陈夜，已报周师入晋阳。""玉体横陈"便是由此而来，这个典故的主人公就是北齐著名的美人冯小怜。冯小怜本是北齐后主高纬的穆皇后的侍女。因为高纬宠爱曹昭仪，穆皇后为夺走高纬对曹昭仪的宠幸，献出冯小怜。高纬很快就为冯小怜神魂颠倒。《隋书》说冯小怜"慧而有色"，

《资治通鉴》和《北史》说冯小怜"慧黠能弹琵琶，工歌舞"。高纬对冯小怜非常好，二人简直形影不离，《北史》记载："后主惑之，坐则同席，出则并马，愿得生死一处。"北齐兵败时，高纬在败退路上封冯小怜为左皇后。最后，高纬扔下母亲、妻子、儿子，只带着冯小怜逃往青州。投降时，他只求北周皇帝将冯小怜赐还给他，得到应允。高纬被杀之后，冯小怜被隋文帝赐给达妃的哥哥李询，穿粗布裙干舂米的粗活，李询母亲最终还是逼得冯小怜自杀了。唐代李贺有诗《冯小怜》描述了这个以悲剧收场的爱情故事："湾头见小怜，请上琵琶弦。破得春风恨，今朝值几钱。裙垂竹叶带，鬓湿杏花烟。玉冷红丝重，齐宫妾驾鞭。"

杜牧的名诗《泊秦淮》："烟笼寒水月笼沙，夜泊秦淮近酒家。商女不知亡国恨，隔江犹唱后庭花。"说的是南朝陈国国君误国的旧事。陈后主陈叔宝宠爱一位名叫张丽华的美女，不问国事，导致国家败亡。《陈书》记载张丽华："张贵妃发长七尺，鬒黑如漆，其光可鉴。特聪慧，有神采，进止闲暇，容色端丽。每瞻视盼睐，光采溢目，照映左右。常于阁上靓妆，临于轩槛，宫中遥望，飘若神仙。"张丽华家里依靠编织席子为生，十岁被选入宫中。她不仅仅是如神仙一般漂亮，更重要的是才辩敏锐、记忆力极好。当时奏事的宦官蔡脱儿、李善度忘记了内容，张丽华却能"并为条疏，无所遗脱"。由此，张丽华逐步干预朝政，权势熏天，其内外家族多被重用。大臣都来顺从，"阉宦便佞之徒，内外交结"，"贿赂公行，赏罚无常，纲纪瞀乱矣"。不久，陈国被隋军攻下。陈叔宝和张丽华投井，被隋军捞起，后被斩首。

唐代是一个美女辈出的朝代，《旧唐书·则天皇后纪》："则天年十四时，太宗闻其美容止，召入宫，立为才人。"从唐高宗李治后来对武则天的态度来看，武则天必是非常美丽且聪慧之人。唐代其他著名美人，还有杨贵妃，以及唐中宗李显之女——安乐公主。安乐公主生于李显被武则天贬往房陵途中，生下时用衣服包裹，所以小名就叫裹儿。《新唐书》说李显复位时，安乐公主"光艳动天下"，很多权臣都是出自安乐公主门下。安乐公主还自己写诏书，遮住内容请李显批准，李显笑着就批。她还让李显封她为皇太女，所幸被左仆射魏元忠阻止。安乐公主的势力可谓权倾朝野。不久，临淄王李隆基发动唐隆之变，领军攻了大明宫，安乐公主当时正对着镜子画眉，立即成了刀下鬼。

历史上还有一些著名的美女，如让周幽王烽火戏诸侯的褒姒；汉成帝时的赵飞燕、赵合德姐妹及同时期的班婕妤；三国东吴乔玄的两个女儿大乔和小乔（大乔为孙策妻，小乔

图1-7 清·陈枚《月曼清游图册·寒夜探梅》（故宫博物院藏）

为周瑜妻）；《庄子·齐物论》中记载的沉鱼落雁的毛嫱和丽姬；五代后蜀皇帝孟昶的费贵妃花蕊夫人（后蜀被宋所灭后为宋太祖所宠）。而最深入人心的，还是四大美女的事迹。西施作为越王勾践的棋子被安插到吴王夫差那里，致使夫差沉迷美色不问国事，导致最后失败；貂蝉成为王允离间吕布和董卓的棋子，最后导致董卓被杀；王昭君被汉元帝当作求和工具，和亲匈奴，做了两代单于的妻子，不能回归中原；杨贵妃被唐玄宗从自己儿子寿王那里抢走，成为玄宗的贵妃，安史之乱期间逃往四川途中，在马嵬驿被吊死。这些倾国倾城的美女对自己的命运无能为力，事后还被史书斥为"红颜祸水"。男性一方面借助权力寻找绝世美人，一方面又对其套上道德的框框。

在各时期的"仕女图"中，可见男性对佳人的道德标准，多是悠闲于世外，柔顺且有情调。例如清代陈枚《月曼清游图册·寒夜探梅》所表现的女性游玩场景（图1-7），明代《秋景货郎图轴》表现的仕女购买百货玩物场景（图1-8），或是《镜听图轴》所表现的占卜心事的淑女（图1-9）。

图1-8 明·佚名《秋景货郎图轴》（故宫博物院藏）

图1-9 清·王素《镜听图轴》局部（故宫博物院藏）

第四节　宫廷选美

先秦时期，帝、侯的配偶来源主要是聘娶、媵婚、掠夺或是贡纳，天子之妻称为后，诸侯之妻称为夫人，其他配偶为妾。所谓媵婚指周代诸侯娶一国之女为夫人，女方须以侄（兄之子）娣（妹妹）随嫁，同时还要从另两个与女方同姓的国家各请一位女子陪嫁，也是各以侄、娣相从，一共有九人。只有夫人处于正妻地位，其余都属于妾。天子媵嫁，与诸侯的方式一样，但是媵嫁数目更多，连正妻一共有十二人。《公羊传·庄公十九年》："媵者何？诸侯娶一国，则二国往媵之，以侄娣从。侄者何？兄之子也。娣者何？弟也。诸侯一聘九女，诸侯不再娶。"《礼记·昏义》记载："古者天子后立六宫、三夫人、九嫔、二十七世妇、八十一御妻，以听天下之内治，以明章妇顺。"这个时期的帝、侯婚姻多数是帝王与诸侯之间或各诸侯之间的政治联姻，要不就是贡纳而来的女子。

秦始皇吞并六国后，将原先六国的后宫美女都纳入后宫，《史记正义》引《三辅旧事》："后宫列女万余人，气上冲于天。"皇帝的配偶被分成了八个级别。西汉初年，国家草创，所以宫闱制度继承秦制，后宫生活较为简朴。汉武帝及其几个配偶的故事颇能说明当时皇帝找美女尚属于小范围事件。汉武帝的第一任皇后是馆陶公主的女儿陈阿娇，是政治联姻。第二任皇后卫子夫，是汉武帝到平阳公主府上赴宴时看上的，当时卫子夫是平阳公主的歌妓，这次婚姻属于偶遇。第三位宠爱的是李夫人（后被霍光追认为孝武皇后）。李延年在武帝酒宴前献歌唱道："北方有佳人，绝世而独立，一顾倾人城，再顾倾人国。宁不知倾城与倾国，佳人难再得。"汉武帝听后问：世上真有这样的绝色佳人吗？平阳公主告诉他说，李延年的妹妹就是这样一位佳人。于是武帝便召见了李延年的妹妹——李夫人。李夫人出身于倡家（从事音乐歌舞的乐人之家）。汉武帝的第四任宠妃，是赵婕妤，是汉昭帝刘弗陵的母亲（后被追封赵太后）。汉武帝在出巡时路过河间，听说此地有奇女长相美丽但一直握拳，于是召见，女孩的拳头这才展开。传说手展开后掌中握有一个玉钩，因此被称为钩弋夫人。钩弋夫人非常美丽，汉武帝担心自己去世后"子幼母壮"，就处死了钩弋夫人，为刘弗陵顺利继承帝位铺平道路。从汉武帝的婚姻可以看到汉代婚姻的门第观念不是很强，选择美女也不是大规模的行动，更多是偶然行为。西汉初期，除了皇后，又设置了美人、良人、八子、七子、长使、少使等妃嫔称号。汉武帝时增加了婕妤、娙娥、傛华、充依。至汉元帝又新置了昭仪，除皇后外妃嫔等级扩充到十四等，依次为：昭仪、婕妤、娙娥、傛华、美人、八子、充依、七子、良人、长使、少使、五官、顺常、无涓等。后宫数量达到三千人，一旦后宫女性数量很大，选秀范围自然就会扩大。

晋武帝夺得皇帝宝座后，大肆扩充后宫。《晋书·世祖武帝》记载，泰始九年七月，"诏聘公卿以下子女以备六宫，采择未毕，权禁断婚姻"。这次选择美女范围主要是公卿以下、中级以上文武官员家中的未婚女子。关于此次选美，《资治通鉴》记载说，一开始武帝委托杨皇后为其选女，杨皇后只挑"洁白长大"而放弃长得美的。并因卞氏女和武帝发生争执，"帝怒"，亲自选美，对看中的美人用红色布条绑在手臂上。入选的美女必须出身显贵，且"美而长白"，即身材高挑，皮肤白皙的。第二年，晋武帝居然又从低级官吏及士族家庭中选未婚女子五千人入宫。这是一次大规模的选美行动，闹腾得人心惶惶，所谓"母子号哭于宫中，声闻于外"。晋灭吴后，把东吴孙皓后宫美女五千余人全部充到后宫，后宫人数达到了万人。晋武帝为了解决每晚"幸御"谁的问题，便坐上羊车，在宫中随意走动，羊拉着车走到哪位宫人门口，他便在哪里留宿。《资治通鉴》说武帝："常乘羊车，恣其所之，至便宴寝。"于是，就有宫人取草叶插在门口，用盐汁洒地吸引皇帝的羊车。

《资治通鉴·晋纪一》记载，晋武帝在为当时还是太子的晋惠帝纳妃时，贾充的妻子郭槐贿赂杨皇后的侍者，让杨皇后劝武帝纳其女为太子妃。晋武帝则认为卫瓘的女儿符合标准："卫公女有五可，贾公女有五不可。卫家种贤而多子，美而长白；贾家种妒而少子，丑而短黑。"所谓种贤，是指出身于名门，另外指贤惠不嫉妒；多子指家里有多生儿子的传统；美、长、白指外在美。这五点成为当时选美的重要标准。传为东晋顾恺之所绘《女史箴图》中的女子都符合"美、长、白"的标准。（图1-10）

十六国时期，天下大乱，百姓困苦。石勒去世后，石虎（字季龙）夺得后赵实权。增置女官二十四等，东宫十二等。石季龙分封其部下诸公侯七十余国，各国均各置女官九等。《晋书·石季龙传》记载，石季龙下令从民间强行掠夺十三岁以上、二十岁以下的女子三万多人，把她们分为三等，分配给后宫、东宫及诸公侯国充当"女官"。各郡县官员，为了从民间搜罗美人，抢掠有夫之妇九千余人。"百姓妻有美色，豪势因而胁之，率多自杀。"石虎之子石宣和公侯们还私令采集民女，又掠获民间女子一万人。这么多民女，由各地被押往邺。路上石季龙的部将把她们的丈夫杀死，逼得女子自缢的又有三千余人。这四万多名妇女被押送到邺后，石季龙临轩检阅诸女，大悦。《资治通鉴·晋纪十七》记载，石虎从宫人中选一千名会骑马的女子，组成仪仗队，"皆着紫纶巾，熟锦裤，金银镂带，五文织成靴，执羽仪，鸣鼓吹，游宴以自随"。

隋炀帝刚继位便极力扩充后宫，设各级嫔妃共一百二十四个，还有宫女三四千人。隋炀帝并且下令在东都

图1-10 东晋·顾恺之（传）《女史箴图》局部（大英博物馆藏）

洛阳宫中分设五湖、十六院，又在长安至江都途中建造行宫四十多处，征集民间美女充实其间。《隋书·炀帝纪》记载：大业八年，隋炀帝"密诏江、淮南诸郡，阅视民间童女，姿质端丽者，每岁贡之"。《大业拾遗记》记载隋炀帝去文选楼，宫娥千人在楼上迎接，东风将宫娥的衣服吹落玉肩，隋炀帝觉得好看，就专门造了迷楼，"择下俚稚女居之，使衣轻罗单裳，倚槛望之，势若飞举"。

唐代建国，唐太宗君臣总结隋亡的教训，不再从民间采选民女，并分批将部分宫女放还。《资治通鉴·唐纪十一》记载，贞观十三年尚书省进奏："近世掖庭之选，或微贱之族，礼训蔑闻，或刑戮之家，忧怨所积。请自今，后宫及东宫内职有阙，皆选良家有才行者充，以礼聘纳，其没官口及素微贱之人，皆不得补用。"此建议被太宗采纳。至唐玄宗朝，国家步入极盛时期，享乐心态弥漫宫廷，唐玄宗是个非常会玩的风流皇帝。另外，唐玄宗强行抢走儿子寿王李瑁的王妃杨玉环，也说明了当时的礼法观念比较淡薄。

《次柳氏旧闻》记载，玄宗发现太子宫中"左右使令，无有妓女"时，"诏力士下京兆尹，亟选女子颀长洁白者五人，将以赐太子"。高力士复奏说："臣他日尝宣旨京兆阅致女子，人间嚣嚣然，而朝廷好言事者，得以为口实。"为了避免在民间选秀女引起混乱，也为了避免朝廷大臣们的反对，高力士建议从掖庭妇女中选拔："臣以为掖庭中故衣冠以事没其家者，宜可备选。"玄宗听了很高兴，便让高力士"诏掖庭，令按籍阅视，得三人，乃以赐太子"。唐肃宗的吴皇后，就是在这次选美之中，被选入太子宫中的。

唐玄宗开元年间，承平日久，财用富足，玄宗也开始腐化起来。为了充实后宫，玄宗"岁遣使采择天下姝好，内之后宫，号花鸟使"。《新唐书·文艺中》说吕向还写了一篇《美人赋》给玄宗，讽刺这件事。《新唐书·宦者传》说："开元、天宝中，宫嫔大率至四万。"《全唐文》卷七四记唐文宗为太子选妃，曾下令百官各自"举言十岁已来嫡女及妹、姪、孙女"。《唐语林·企羡》记唐文宗为庄恪太子选妃时，"欲为太子求汝、郑间衣冠子女为新妇"。《旧唐书·李绛传》记，唐宪宗元和七年，"时教坊忽称密旨，取良家士女及衣冠别第妓人，京师嚣然"（图1-11）。

五代时期分裂动荡，战乱不休，政权更替迅速，所以后宫人数远比唐代为少。《新五代史·伶官传》记载，后唐庄宗李存勖占据洛阳后，居住在唐故宫室，而嫔妃未备。宦官们多说宫中夜见鬼物，非常惊恐，并称唐时后宫万人，而今后宫空寂，经常闹鬼，须住满宫人才能把鬼震住。于是，庄宗幸邺时，便"采邺美女千人，以充后宫"。当时受宠的伶人景进则胡乱抢掠他人妻女，弄得"军士妻女因而逃逸者数千人"。

图1-11 明代《人镜阳秋》插图（选自周芜《日本藏中国古版画珍品》，江苏美术出版社，1999年）

宋代的后妃多从官员外戚家中选择，没有大规模从民间选宫女的活动。明代宫廷选后妃、宫嫔则多自民间，这大约和朱元璋出身草莽有关。明代选美，要从全国（但主要是在京师附近）选取的几千名少女中选出五十人成为妃嫔，规模很大且标准严格。

明武宗朱厚照是历史上有名的荒谬不经的皇帝，他对于女性的喜好和其他人也极不同，他喜欢异族女性，将各族女子养在他的"豹房"练习歌舞，有时还会偷跑出宫去逛妓院。武宗听说马氏漂亮，不管人家已经嫁人并怀孕，就直接抢来。《武宗外纪》说武宗出访太原，"大索女乐于太原。偶于众妓中遥见色姣而善讴者，拔取之。询其籍，本乐户刘良之女，晋府乐工杨腾妻也。赐与之饮，试其技，大悦。后自榆林还，再召之，遂载以归，至是随行在，宠冠诸女，称美人。饮食起居，必与偕"。这个故事后被改编为戏曲《游龙戏凤》，女主角变成了卖酒的李凤姐。武宗最荒唐的事情之一就是南下平定宁王叛乱，行至半路，得知宁王的叛乱已经被王守仁等平定但仍坚持南下，此时便有太监假传圣旨说武宗要到扬州选美，害得扬州未嫁女子急忙忙地找人出嫁，一时男性紧缺，搞得鸡飞狗跳。《武宗外纪》记载说："至扬州。前此太监吴经先驾至扬州，选民居壮丽者，改为提督府，将驻跸焉。且矫上意，索处女寡妇，民间汹汹。有女家掠寡男配偶，一夕殆尽。"

清代宫廷建立了选秀女的制度，因为满汉不通婚，所以宫廷只从八旗中选择秀女，每三年一次，不同时期选秀女的数量不一样，多则四五百，少则一百余人。将来的后、妃也都从秀女中选出。清宫的宫女数量比较少，大约在二千人左右，满二十五岁未被临幸者便被退回家，以待婚嫁。

二 >>　　　女为悦己者容

　　古代女性为了使自己更美，会采用各种手段，如改变发型、傅粉、涂胭脂、画眉、束腰、熏香、药浴、穿戴饰品、变换服装等等。女性采用这么多且复杂的手段修饰自己，为了什么？正如章节标题所言——女为悦己者容。生物都有相同的本能，那就是繁衍后代，人类也不例外。不过上苍特别眷顾人类，赋予了人类更多的快乐。

　　女性打扮在很大程度上，是出于吸引男性的需要，打扮的方式逐渐约定俗成，那些不打算吸引男性的女子也需要如此打扮，因为习俗不能抗拒。人类对于身体美的感知是全方位的，不但对外观有要求，对气味和触感也有要求。所以熏香和改善皮肤的美容药品也流行起来。

第一节　人面桃花与红妆

　　唐代孟棨留有《本事诗》一卷，其中记录了这么一个故事。崔护是个帅哥，为人高洁自傲，进京考进士落榜。清明那天，一个人跑到京城城南去玩，看到一个一亩地大小的庄园，花木丛萃，寂静得似乎无人。他敲门讨水喝，好久才有个女孩子开门。女子让崔护坐床榻边，崔护自己则斜倚着桃树，看着她"妖姿媚态，绰有余妍"，崔护搭话，女子只是注视着他却不接话。崔护离开时，女子一直送到门口。崔护眷盼而归。到了来年的清明，崔护忽然想起城南这位女子，情不可抑，跑去找她。门墙如故，但是关门落锁，家中无人。崔护就题诗在左门上："去年今日此门中，人面桃花相映红。人面只今何处去，桃花依旧笑春风。"又过了几天，崔护偶然到城南，又去找那位女子，听到庄里有哭声，就敲门问怎么回事。女子的父亲出来说："你就是崔护吧？"崔护回答说："是啊。"老人哭着说："是你杀了我女儿啊。"崔护很吃惊，不知说什么好。老人说："我女儿及笄之年就读了好多书，还没找婆家，自从你去年来了之后就一直恍然若失，前几天我和她外出回来，她看到门上的诗，就生病了，好几天没吃饭就去世了。我老了，女儿之所以没有嫁人，是希望能找到个好人家也能为我养老，谁知女儿不幸去世，难道不是你害的吗？"崔护也陪着哭，求入内，抱着女子的头放在自己腿上，哭着说："我在这里啊！我在这里啊！"不一会，女子的眼睛张开，活了过来。女子父亲大喜，将女子许配给了崔护。

这个故事就是"人面桃花"的出处。诗中所说的"人面桃花相映红"是说粉红的脸和桃花一样美丽，另外，"桃花"也可代指妆容。《妆台记》有："隋文宫中梳九真髻，红妆谓之桃花面。"红色妆容被称为桃花面，也称桃花妆。唐至五代的很多绘画中都能看到桃花面（图2-1至图2-5）。

宋代高承《事物纪原》卷三也记载："周文王时，女人始傅铅粉。秦始皇宫中，悉红妆翠眉，此妆之始也。宋武宫女，效寿阳落梅之异，作梅花妆。隋文宫中，红妆，谓之桃花面。"

南朝梁江洪《咏歌姬》有关于红妆的精彩描写:"薄鬓约微黄,
轻红淡铅脸。"辛弃疾《满江红·暮春》写道"红粉暗随流水去",
则用红粉比喻美人。成书于宋元之间的《事林广记》记录了
"玉女桃花粉",用玉女、桃花命名妆粉算是典故的灵活应用,
这种粉的调制相当复杂,由益母草烧灰、石膏、滑石粉、蚌粉、
胭脂等混合而成,据说能"滑肌肉、消斑点、驻姿容"。

　　唐代张泌《妆楼记》记载,魏文帝在水晶屏风后看书,
一位魏文帝宠爱的叫薛夜来的宫女没留意撞在屏风上,伤到
面颊,御医虽尽力医治,薛夜来的伤口痊愈后仍留下红色的
痕迹,魏文帝反而更加宠爱她,于是宫中女子纷纷效仿在面

图 2-1 唐·舞乐图
(新疆维吾尔自治区博物馆藏)

图 2-2 唐·胡服美人

图 2-3 唐·绢画仕女图

图 2-4 唐·佚名《弈棋仕女图》
（新疆维吾尔自治区博物馆藏）

颊画上红妆，这种妆容被称为晓霞妆，后又演变为斜红妆。《妆楼记》记："斜红绕脸，盖古妆也。"

胭脂和粉从汉代开始使用，一直到近代，都是女性主要化妆品之一。元杂剧及元曲中有很多使用粉和胭脂的描写。如无名氏所作杂剧《逞风流王焕百花亭》第四折："嗦声！这里是经略府军政司，又不比风月所莺花市。错认做洛阳地面承天寺，花费了些金银饷钞，收买些腻粉胭脂。"张可久所作散曲《套数·牵挂》有："麝脐薰五花瓣翠羽香钿，猫眼嵌双转轴乌金戒指，獭髓调百和香紫蜡胭脂。"亢文苑所作散曲《套数·为玉叶儿作》有："（梁州）你为我堆宝髻羞

图 2-5 五代·敦煌 19 窟凉国夫人供养像

盘凤翅，淡朱唇懒注胭脂。"

胭脂蜡是用胭脂、动物脂肪和蜂蜡调成的固态或半固态化妆品，用法如现在的口红。

按照元曲描绘，当时女性的完美外貌大致为：高高的云鬟，皮肤上傅着白粉，用黛色描绘过的柳眉，面颊上用胭脂粉染红，面上贴着翠靥，小脚穿着精致的绣鞋，细细手指，指甲上用胭脂染红。如吴昌龄《套数·美妓》描绘的美人："藕丝裳翡翠裙，芭蕉扇竹叶樽。衬细裙玉钩三寸，露春葱十指如银。秋波两点真，春山八字分。颤巍巍雾鬟云鬓，胭脂颈玉软香温。轻拈翠靥花生晕，斜插犀梳月破云。误落风尘。""常记得五言诗暗寄回文，千金夜占断青春。厮陪奉娇香腻粉，喜相逢柳营花阵。"乔吉所作散曲《小令·赠姑苏朱阿娇会玉真李氏楼》描绘的美人："合欢髻子楚云松，斗巧眉儿翠黛浓，柔荑指怯金杯重。玉亭亭鞋半弓，听骊珠一串玲珑。歌触的心情动，酒潮的脸晕红，笑堆着满面春风。"汤舜民所作散曲《套数·赠美人》所描写的打扮也大抵如此："蛴蛴颈净匀粉腻，豆蔻梢软耨春秋。更说其海棠泡露胭脂重。绡袖薄腕笼温玉，酒颜酡腮晕轻红；腰束素裙拖暖翠，眼涵秋水点星瞳；口脂薰兰气冲冲，胸酥渍香汗溶溶。登卧榻一团儿雪压氍毹，对妆台一朵儿花生镜容，浴温泉一泓儿水浸芙蓉。"再如无名氏所作散曲《脱布衫过小梁州·美妓》描写的美妓："冰肌莹宝钏玲珑，藕丝轻环佩玎珰。樱桃小胭脂露浓，海棠娇麝兰香送。玉颈圆搓粉腻红，恰便似映水芙蓉。犀梳斜坠鬓云松，黄金凤、高插翠盘龙。"无名氏所作散曲《红绣鞋》："生来的千般娇态，柳眉杏脸桃腮，不长不短俏身才。高挽着乌云髻，斜插着凤头钗，窄弓弓红绣鞋。"

元代人还用胭脂涂红指甲，如现在的指甲油的用法。如张可久所作散曲《小令·红指甲》所述："玉纤弹泪血痕封，丹髓调酥鹤顶浓。金炉拨火香云动，风流千万种，捻胭脂娇晕重重。拂海棠梢头露，按桃花扇底风，托香腮数点残红。"

按照目前考古资料，最早使用的红色化妆材料应该是铁矿石粉，在新石器时代出土的器物以及岩画上，红色物质都是赤铁矿石。据商代妇好墓出土有少量朱砂推测，商代开始开始可能使用朱砂作为红妆材料。朱砂呈大红色，又称辰砂、丹砂、赤丹，是硫化汞的天然矿石。商代用朱砂粉末涂在甲骨文的刻痕中以示醒目。汉代《释名·释首饰》记载："赬粉。赬，赤也。染粉使赤，以着颊上也。"汉代马王堆出土的妆盒内有朱砂粉，说明汉代已经用红粉染面颊了，朱砂是红妆的主材。东汉之后，炼丹术兴起，开始用化学方法生产朱砂。宋代程大昌《演繁露》卷七有："古者妇人妆饰，欲红则涂朱，欲白则傅粉，故曰'施朱太赤，施粉太白'。此时未有烟脂故，但施朱为红也。烟脂出自边地。"而战国时期，中原地区还没有胭脂。汉代中原地区才陆续引入红花种植，将花汁榨出提取出红色胭脂。

胭脂又称燕支、臙脂、焉支等。《妆楼记》记："燕支染粉，为妇人色。故匈奴名妻阏氏，言可爱如燕支也。匈奴有《燕支山歌》曰：'失我祁连山，使我六畜不繁息，失我阏氏山，使我妇女无颜色。'"

清代人撰写的《胭脂纪事》中有一段关于胭脂的传奇记载。晋代汾阴少女秦子都，十三岁，面容姣好，有道人到其家，拍着她说，这个女孩子不像是凡人啊。传授给子都提炼红色丹药的方法，让子都去取汾水，注入古鼎中烧开。水沸腾时，道人从袖中取出少许东西，放到沸汤中，忽然鼎上升起袅袅紫烟。子都用手挥烟，烟越来越浓，满鼎都是紫金色。子都取绵絮盖到烟上。絮中饱蓄紫烟，被收起来用作涂抹嘴唇的化妆品。道人走了之后，子都经常收集紫烟,周围远近的女子,都来找子都求紫烟绵。子都性格比较懒散，到了二十还不嫁人，以卖胭脂来赡养母亲。自己不耐烦用水慢慢烹煎，凡来求胭脂的，子都用牙齿嚼绵汁少许给人家带走。不管绵多绵少，经过子都嚼绵汁后都是紫烟之色，于是千里内外的女子，都来找子都讨要胭脂，称子都为胭脂师。后来子都慢慢老去，但是依旧面呈桃花色。一天晚上，大水冲走了她的房子，子都便消失无踪了。后人不得其制胭脂的方法，也汲汾水渍绵，浸泡不成，然后将水烤干又不成。有机灵女子出点子说："胭脂男女之艳色也。"就择日与男子发生性关系后制胭脂，还是不成。后来就在汾水上立庙，称子都为紫府胭脂之神。每岁三月八月，诸女郎着紫衣、紫裙、紫带、紫冠，发簪也是紫的，各种佩戴都是紫色，祭祀于庙，唱紫府之歌，以讨神的欢喜。神来就会有紫气出现在祭祀供品的上方，一会儿供奉的牺牲和花果等都变为紫色，祭祀者认为这就是灵验了，又各铸小神像在家中祭祀。如果要制胭脂，则先斫取桃枝煎水，遍洒屋两楹，又折桃枝寸许数千条，围插墙阴。禁鸡犬鸣吠，贡一杯紫琉璃于神前，礼拜一下。再用桃叶自然汁刮嘴唇，微微出血，然后将汾水置鼎内，住的远的没有汾水则用并华水随便点紫色花，用开水温之，长跪等待，稍微等一会儿就有胭脂了。将胭脂入绵收藏，得到的颜色如天边朝霞。后世胭脂之法，始于此。这段记载虽然有趣，但不太靠得住。

南宋赵彦卫撰《云麓漫钞》卷七采录了多篇文献，有关于胭脂的记载："清微子《服饰变古录》云：'燕脂，纣制，以红蓝汁凝而为之。官赐宫人涂之，号为桃花粉。蓝地水清，合之色鲜。至唐颇进贡，惟后妃得赐，曰燕脂。'崔豹《古今注》云：'燕支叶似蓟，花似蒲公，出西方，土人以染，名燕支。中国亦为红蓝，以染粉为妇人色，谓之燕支粉。今人以重绛为燕支，非燕支花所染也。燕支花自为红蓝耳。旧谓赤白之间为红，即今所为红蓝也。'《西河旧事》云：'失我祁连岭，使我六畜不蕃息；失我焉支山，使我妇女无颜色。'北方有焉支山，山多红蓝，北人采以染绯，取其英鲜者作燕脂。《本草》：'红蓝花堪作燕脂，生梁汉及西域，一名黄蓝。'《博物志》云：'黄蓝，张骞所得，今沧卫亦种，近世人多种之，收其花，俟干，以染帛，色鲜于茜，谓之真红，亦曰干红，目其草曰红花。以染帛之余为燕支。干草初渍则色黄，故又为黄蓝也。'《史记·货殖传》：'若干亩厄茜。'徐广注云：'厄，音支，鲜支也；茜，音倩，一名红蓝，其花染缯，赤黄也。'又知今之红花，乃古之茜；而今之茜，又谓之乌红，系用苏方木、枣木染成，则非古之茜矣。"

据《齐民要术》记载：种红蓝花要在雨后赶快播种，可以漫散种、如种麻法耧种或者掩种。花开后，要在每日凉爽时摘取，不采摘就会干掉。摘的时候要摘干净，留着的花会合上。五月时候，花的种子成熟，暴晒打子。五月可以种晚花，春初即留子，入五月可种。七月采摘花朵，色彩鲜艳耐久不褪，比春天种的质量要好。种红蓝花的收入相当不错，如果种好田一顷，年收入可达绢三百匹。一顷花，每天需要百人来采摘，如果只是以一家劳力采摘的话，采摘量到不了十分之一。每天早上，将田地平分为两个区域，小儿僮女上百人在两个区分布均匀采摘。摘取到的红花用碓捣碎，以水淘，布袋绞去黄汁后，以清且发酸的粟饭浆再捣，再以布袋绞去汁，收取染红留用。放到容器里用布盖上，第二天天亮时捣均，放到席上暴晒干。做胭脂时，烧藜藋篱草调清水成灰汁，如果没有就用其他草灰代替。以汤淋取清汁，开始淘灰的水太厚，只能用于洗衣，第三遍淘的水用来揉花十多遍，直到颜色尽了。布袋绞取淳汁，放到瓷碗中。取醋石榴两三个，取子并捣破，倒入发酸的粟饭浆水搅拌，布包着绞汁用来和花汁。

如果没有石榴，用好醋和饭浆代替。如果没醋，极酸清饭浆也可以。倒入适量白米粉，粉太多则太白。用干净竹筷使劲搅拌。盖上盖子过夜，泻去上层清汁，至沉淀物处停止，放到布帛的袋子中悬挂着。第二天，半干，捻作小瓣，如半麻子大小，阴干，就得到胭脂。制作过程中的碱性灰水用来溶解红色素，醋水将红色素沉淀。

王仁裕《开元天宝遗事》记："贵妃每至夏月，常衣轻绡，使侍儿交扇鼓风，犹不解其热。每有汗出，红腻而多香，或拭之于巾帕之上，其色如桃红也。"杨贵妃的汗所谓"红腻而多香"，十之八九是因为胭脂、粉和香料的缘故。

胭脂是历代女性必用的化妆品，在各时期的诗歌作品中，成为与女性关联的符号。如唐代杜甫《曲江对雨》："林花着雨胭脂湿，水荇牵风翠带长。"宋代赵以夫《满江红·牡丹和梁质夫》："满地胭脂春欲老，平池翡翠水新肥。"《敦煌曲子词·柳青娘》："故着胭脂轻轻染，淡施檀色注歌唇。"金代元好问《同儿辈赋未开海棠》之一："翠叶轻笼豆颗匀，胭脂浓抹蜡痕新。"明代张景《飞丸记·坚持雅操》："我情愿甘劳役，思量忍命穷，拼得胭脂委落如云鬓。"清代孙枝蔚《后冶春次阮亭韵》："梨花独自洗胭脂，虢国夫人别样姿。"

第二节　粉汗红绵扑

《文选》录古诗言"燕赵多佳人，美者颜如玉"，李善注"颜如玉"的出处："《神女赋》曰苞温润之玉颜。""颜如玉"逐渐成为美人的代称。有句用来鼓舞读书人的话"书中自有颜如玉"，还有唐代王维七言古诗《洛阳女儿》中的一句："谁怜越女颜如玉，贫贱江头自浣纱。"描写的是西施。人们将"颜如玉"理解为皮肤白皙、面容端庄，这通过化妆可以达到。多数朝代以白为美，使得粉成为必备化妆品，如晋武帝选美的条件就是"美而长白"。

唐诗宋词描写女子时，常常提到粉汗，也就是美人出汗时，粉和着汗水的样子。如唐诗有权德舆《玉台体十二首》："粉汗宜斜日，衣香逐上风。"元稹《寄吴士矩端公五十韵》："筝弦玉指调，粉汗红绡拭。"元稹《生春二十首》："柳误啼珠密，梅惊粉汗融。"白居易《和梦游春诗一百韵》："朱唇素指匀，粉汗红绵扑。"白居易《缭绫》："汗沾粉污不再着，曳土踏泥无惜心。"徐铉《赠浙西妓亚仙》："粉汗沾巡盏，花钿逐舞茵。"孟郊有句："斗草撷玑珵，粉汗泽广额。"再如宋词有贺铸《木兰花》："罗襟粉汗和香沮，纤指留痕红一捻。"周紫芝《菩萨蛮》："翠蛾懒画妆痕浅，香肌得酒花柔软。粉汗湿吴绫，玉钗敲枕棱。"吴文英《醉蓬莱·七夕和方南山》："冰销粉汗，南花熏透。"吴文英《夜行船》："粉汗余香，伤秋中酒，月落桂花影里。"

粉是古代女子化妆品中必不可少的品种，粉也称"胡粉"，按照晋代葛洪所著《抱朴子·内篇》"论仙"记："愚人乃不信黄丹及胡粉是化铅所作。"胡粉实际上就是铅粉。《太平御览》引张华《博物志》："纣烧铅锡作粉。"宋代高承《事物纪原》说周文王时妇女在脸上加铅粉，战国时期女子已经用粉傅体，《韩非子·显学》有："故善毛嫱、西施之美，无益吾面，用脂泽粉黛，则倍其初。"马王堆一号墓中出土的妆奁内有个漆器小粉盒，还有残留的铅粉。汉代刘熙《释名·释首饰》："胡粉。胡，糊也。脂合以涂面也。"汉代张衡《定情赋》："思在面而为铅华兮，患离神而无光。"曹植《洛神赋》："芳泽无加，铅华弗御。"晋代司马彪《续汉书》记载陈蕃劝谏汉桓帝："宫女数千，脂粉之耗，不可胜数。"南北朝时期刘勰的《文心雕龙·情采》载："夫铅华所以饰容，而盼倩生于淑姿。"

《汉书》卷五十三《广川惠王刘越》有："前画工画望卿

舍，望卿袒裼，傅粉其旁。"这段关于傅粉的描述来自一个女人的恶毒诬陷。阳成昭信设计杀害了广川王刘的宠姬王昭平和王地馀，终于成了王后。刘去宠幸的另一个女人陶望卿管理宫中的缯帛等纺织品，昭信就在刘去面前告状说：陶望卿对我无礼，穿比我好看的衣服，拿上好丝织品胡乱赏赐给宫女，刘去说：你说望卿的坏话不会影响我对她喜爱，不过要是她淫乱的话，我可饶不了她。随后，阳成昭信便开始了恶毒的诬陷，说：画工为望卿的屋子画装饰的时候，望卿在边上脱了衣服往身上涂抹妆粉，勾引画工。还多次跑到南面偷窥郎吏住处，恐怕有奸情啊，后来又告诉刘去说望卿多次指着郎吏的住处，连郎吏的名字都知道。刘去就与昭信以及诸姬跑到望卿住处，扒了陶望卿的衣服，让诸姬各持烧红的铁棍一起烫望卿，望卿跑去投井而死。昭信还侮辱了望卿的尸体，并将尸体支解后放大锅中加桃灰毒药煮烂，为的是让死后的陶望卿不能够成为鬼来报复她。

汉代至魏晋时期，傅脂粉的还包括男子。《汉书·佞幸传》："孝惠时，郎侍中皆冠贝带、傅脂粉。"《魏书》记载："时天暑热，植因呼常从取水，自澡讫，傅粉。"曹植洗完澡身上也要傅粉。《后汉书·李固传》记载东汉名臣李固遭人污蔑："大行在殡，路人掩涕，固独胡粉饰貌，搔头弄姿，盘旋偃仰，从容冶步。"

五代马缟《中华古今注》记载："自三代以铅为粉。秦穆公女弄玉，有容德，感仙人萧史，为烧水银作粉与涂，亦名飞云丹，传以箫曲，终而同上升。"这个典故是萧史弄玉故事的另一个版本。汉代刘向《列仙传·卷上》记载萧史和弄玉成仙的传说："萧史善吹箫，作凤鸣。秦穆公以女弄玉妻之，作凤楼，教弄玉吹箫，感凤来集，弄玉乘凤、萧史乘龙，夫妇同仙去。"《中华古今注》的记载加入了水银炼粉的内容。后人将这段典故简称为"吹箫引凤上秦台"，将胡粉称为"秦台粉"。唐代李商隐的《蝶》诗有："飞来绣户阴，穿过画楼深。重傅秦台粉，轻涂汉殿金。"元代也称胡粉为宫粉。元杂剧《鲁智深喜赏黄花峪》中李逵假扮货郎吆喝："买来，买来，卖的是调搽宫粉，麝香胭脂，柏油灯草，破铁也换。"明代时，胡粉也称"杭州粉"。《金瓶梅》第二十五回有："这来旺儿私己带了些人事，悄悄送了孙雪蛾两方绫汗巾，两双装花膝裤，四匣杭州粉，二十个胭脂。"

古代绘画中的仕女很多加重了脸部的粉，并在脸颊位置稍稍加淡淡红晕，如唐代《簪花仕女图》（图2-6）、宋代《蕉荫击球图》（图2-7）、元代《杜秋娘图卷》（图2-8）中的女子面部。还有一种称为"三白脸"的画法，就是在额头、鼻子和下巴的位置都加重了粉，这样可以使脸显得更为立体。很可能从北朝到明代的女子化妆，都在使用这种涂粉方法（图2-9、图2-10、图2-11）。

胭脂和粉是卖货郎零售担中的必备品，如《金瓶梅》第二十二回："惠莲自从和西门庆私通之后，背地不算与他衣服、汗巾、首饰、香茶之类。只银子成两家带在身边，在门首买花翠胭粉，渐渐显露，打扮的比往日不同。"

傅粉是做艺人技能之一，如《金瓶梅》第一回："（潘金莲）从九岁卖在王招宣府里，习学弹唱，就会描眉画眼，傅粉施朱。"

《西厢记》中关于美人的描写也有粉字，如第一本第四折："恰便似檀口点樱桃，粉鼻儿倚琼瑶，淡白梨花面，轻盈杨柳腰。妖娆，满面儿扑堆着俏；苗条，一团儿真是娇。"第三本楔子："俺姐姐针线无心不待拈，脂粉香消懒去添。"第三折："他是个娇滴滴美玉无瑕，粉脸生春，云鬓堆鸦。"

《天工开物》卷下记载了明代"造胡粉"的工艺："凡造胡粉，每铅百斤，熔化，削成薄片，卷作筒，安木甑内。甑

图 2-6 唐·周昉《簪花
仕女图》局部
（辽宁省博物馆藏）

图 2-7 宋·佚名《蕉荫击球图》
（故宫博物院藏）

图 2-8 元·周朗《杜秋娘图卷》
局部（故宫博物院藏）

图 2-9 北齐·杨子华《校书图》局
部（美国波士顿美术博物馆藏）

图 2-10 宋·佚名《四美图》

图 2-11 明·杜堇《宫中图卷》局部（上海博物馆藏）

下甑中各安醋一瓶，外以盐泥固，济纸糊甑缝。安火四两，养之七日。期足启开，铅片皆生霜粉，扫入水缸内。未生霜者，入甑，依旧再养七日，再扫，以质尽为度，其不尽者留作黄丹料。每扫下霜一斤，入豆粉二两、蛤粉四两，缸内搅匀，澄去清水，用细灰按成沟，纸隔数层，置粉于上，将干，截成瓦定形，或如磊瑰，待干收货。此物古因辰、韶诸郡专造，故曰韶粉(俗误朝粉)。今则各省直饶为之矣。其质入丹青，则白不减。搽妇人颊，能使本色转青。胡粉投入炭炉中，仍还熔化为铅，所谓色尽归皂者。"胡粉主要成分是铅粉，加入蛤粉和豆粉。辰、韶诸郡产优质铅粉，所以胡粉被称为"韶粉"。

广西桂林有铅矿，所产桂粉天下闻名。南宋周去非《岭外代答》说："西融州有铅坑，铅质极美，桂人用以制粉。澄之以桂水之清，故桂粉声闻天下。"

明代陆容撰《菽园杂记》中所述韶粉制法和《天工开物》相比照显得更为讲究："韶粉，元出韶州，故名。龙泉得其制造之法，以铅熔成水，用铁盘一面，以铁杓取铅水入盘，成薄片子。用木作长柜，柜中仍置缸三只，于柜下掘土，作小火日夜用慢火薰蒸。缸内各盛醋，醋面上用木柜，叠铅饼，仍用竹笠盖之。缸外四畔用稻糠封闭，恐其气泄也。旬日一次开视，其铅面成花，即取出敲落。未成花者，依旧入缸添醋，如前法。其敲落花，入水浸数日，用绢袋滤过其滓，取细者别入一桶，再用水浸，每桶入盐泡水并焰硝泡汤，候粉坠归桶底，即去清水。凡如此者三，然后用砖结成焙，焙上用木匣盛粉，焙下用慢火薰炙，约旬日后即干。擘开，细腻光滑者为上。其绢袋内所留粗滓，即以酸醋入焰硝白矾泥矾盐等，炒成黄丹。"

胡粉有以粉状出售的。如《金瓶梅》第二十三回有说卖粉的论斤："那傅伙计老成，便惊心儿替他门首看，过来，叫住，请他出来买。玳安故意戏他，说道：'嫂子，卖粉的早辰过去了！你早出来，拿秤称他的好来。'老婆骂道：'贼猴儿！里边五娘、六娘使我要买搽的粉。你如何说拿秤称？三斤胭脂，二斤粉，教那淫妇搽了搽？看我进里边对他说不说！'"

宋代还有粉块，粉块也称粉锭或定粉。福州南宋黄昇墓出土的妆奁中有三个漆粉盒，粉盒之中有二十个粉锭。粉锭有方形、圆形和菱形等花形，锭面有兰花、菊花、牡丹等浮雕纹饰，如同制作糕饼一样，系用花模压出。《金瓶梅》第二十九回："原来妇人因前日西门庆在翡翠轩夸奖李瓶儿身上白净，就暗暗将茉莉花蕊儿搅酥油、定粉，把身上都搽遍了，搽的白腻光滑，异香可爱，欲夺其宠。"

因为铅对人体有毒性，长期使用铅粉会使皮肤变得灰暗显青色。所以古人在米粉配方中加入少量铅粉比完全用铅粉稍好些。米粉制作的"英粉"也是常用的化妆用品。东汉许慎在《说文解字》记："粉，傅面者也。从米，分声。"这条解释说明在铅粉之前，人们用米粉傅面。宋代洪刍所撰《香谱》"傅身香粉"的配方，使用的是英粉和一些香料混合，没有铅的成分："英粉、青木香、麻黄根、附子、甘松、藿香、零陵香已上各等分。右件除英粉外，同捣罗为细末，用生绢袋盛，浴了傅之。"宋代贺铸《小重山》词："梦草池南璧月堂。绿阴深蔽日，啭鹂黄。淡蛾轻鬓似宜妆。歌扇小，烟雨画潇湘。薄晚具兰汤。雪肌英粉腻，更生香。簟纹如水竟檀床。雕枕并，得意两鸳鸯。"

贾思勰所撰的《齐民要术》记载有"作米粉法"："作米粉法：梁米第一，粟米第二。（必用一色纯米，勿使有杂。）师使其细，（简去碎者。）各自纯作，莫杂余种。（其杂米、糯米、小麦、黍米、穄米作者，不得好也。）於木槽中下水，脚蹋十遍，净淘，水清乃止。大瓮中多着冷水以浸米，（春秋则一月，夏则二十日，冬则六十日，唯多日佳。）不须易水，臭烂乃佳。（日若浅者，粉不滑美。）日满，更汲新水，就瓮中沃之，以手杷搅，淘去醋气——多与遍数，气尽乃止。稍稍出着一砂盆中熟研，以水沃，搅之。接取白汁，绢袋滤，着别瓮中。粗沉者更研，水沃，接取如初。研尽，以杷子就瓮中良久痛抨，然后澄之，接去清水。贮出淳汁，着大盆中，以杖一向搅——勿左右回转——三百余匝，停置，盖瓮，勿令尘污。良久，清澄，以杓徐徐接去清。以三重布帖粉上，以粟糠着布上，糠上安灰；灰湿，更以干者易之，灰不复湿乃止。然后削去四畔粗白无光润者，别收之，以供粗用。（粗粉，米皮所成，故无光润。）其中心圆如钵形，酷似鸭子白光润者，名曰'粉英'。（英粉，米心所成，是以光润也。）无风尘好日时，舒布于床上，刀削粉英如梳，曝之。乃至粉干足手痛授勿住。（痛授则滑美，不授则涩恶。）拟人客作饼，乃作香粉，以供妆摩身体。"

另有"唐宫迎蝶粉"也如米粉制作之法。宋元时期的《事林广记·癸集》卷七记："唐宫迎蝶粉，粟米随多少，淘淅如法，频易水浇浸，取十分清洁，倾顿甆钵内，令水高粟寸许，以用绵盖钵面，隔去尘污，向烈日中曝干，研为细粉，每水调少许着器内，随意摘花采粉，覆盖熏之人，能除游风、去斑点。"

妆粉除了铅粉、米粉之外，还有珍珠粉、蚌壳粉、滑石粉等。清代屈大均《广东新语》卷五"锦石"条记："盖七星岩内外纯是白石，亦有白质青文，然望之苍黑如积铁，以岁久风雨剥蚀也。最白者妇女以之傅面，名为干粉，与惠州画眉石、始兴石墨，皆闺阁所需。"清代广东有用滑石粉作妆粉使用的。

明代李时珍《本草纲目》卷四六"介部·珍珠"条目记："涂面，令人润泽好颜色。涂手足，去皮肤逆胪（作者按，逆胪指手脚指甲位置的皮肤翘起）。"在妆粉中加入珍珠粉是常见做法。唐代鲍溶《旧镜》诗有说："珠粉不结花，玉珰宁辉耳。"

明代施耐庵《水浒传》八十二回记道宗皇帝宴请被招安的梁山人马，令教坊演戏，第五个演员"队额角涂一道明创，劈门面塔两色蛤粉"。《本草纲目》卷四六"介二·蚌"条目记："其肉可食，其壳可为粉，湖沔人皆印成锭市之，谓之蚌粉，亦曰蛤粉。"说明蚌壳磨粉也作妆粉使用，一般蛤粉多用作绘画颜色。

清代王誉昌撰《崇祯宫词》中有一首："翦玉研朱按候施，腻和芳泽掩冰姿。只因土偶需涂抹，尽把铅华让与伊。"诗后有注："宫中收紫茉莉果实，研细蒸熟，名珍珠粉。取白鹤花蕊，剪去蒂。实以民间所用粉蒸熟，名玉簪粉。此懿安从外传入。宫眷皆用之。顾上不喜涂泽，每见施粉稍重者，笑曰'浑似庙中鬼脸'。故一时俱尚清淡。"传说崇祯喜欢茉莉香味，懿安皇后将民间所用紫茉莉籽磨的妆粉带入宫中，宫中一时流行，但是崇祯不大喜欢浓妆，所以当时淡妆流行。

明末屈大均《广东新语》卷二五"茉莉"条记："又有紫茉莉，春间下子，早开午收，一名胭脂。花可以点唇，子有白粉可傅面，然皆不如白色者香。"紫茉莉做的粉在清代比较流行。

《红楼梦》四四回有这么一段记述，提到紫茉莉花做的粉和膏状的胭脂："宝玉忙走至妆台前，将一个宣窑瓷盒揭开，里面盛着一排十根玉簪花棒，拈了一根递与平儿。又笑向她道：'这不是铅粉，这是紫茉莉花种，研碎了兑上香料制的。'平儿倒在掌上看时，果见轻、白、红、香，四样俱美，摊在面上也容易匀净，且能润泽肌肤，不似别的粉青重涩滞。然后看见胭脂也不是成张的，却是一个小小的白玉盒子，里面盛着一盒，如玫瑰膏子一样。宝玉笑道：'那市卖的胭脂都不干净，颜色也薄。这是上好的胭脂拧出汁子来，淘澄净了渣滓，配了花露蒸叠成的。只用细簪子挑一点儿，抹在手心里，用一点水化开，抹在唇上；手心里就够打颊腮了。'平儿依言妆饰，果见鲜艳异常，且又甜香满颊。"从清代绘画上看，面部粉白加淡胭脂是不同阶层女性流行的妆容（图 2-12，图 2-13）。

图 2-12 清·王素《梧桐仕女图》局部
（南京博物院藏）

图 2-13 清·佚名《雍正妃行乐图之五》
（故宫博物院藏）

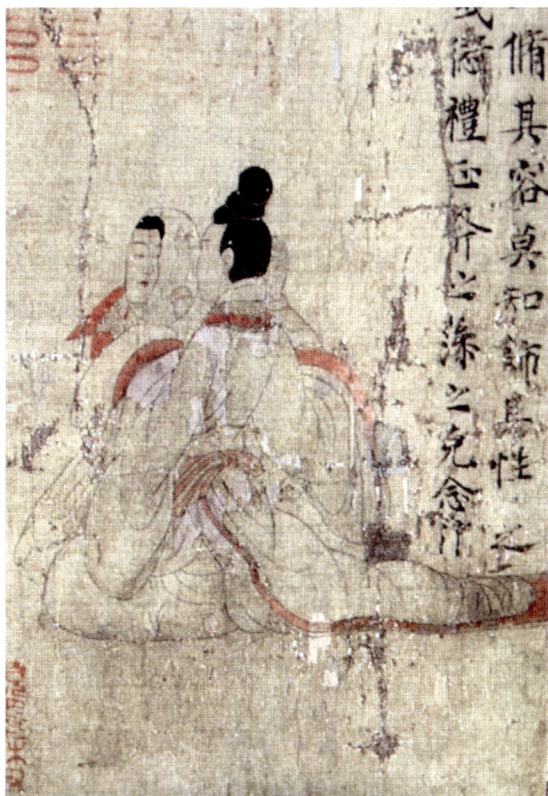

图 2-14 东晋·顾恺之（传）《女史箴图》局部（大英博物馆藏）

　　打扮时需要的各种工具也不可缺少，各个时期的铜镜、妆奁、粉盒等物多有出土。图 2-14 描绘了晋代女子化妆的场景。图上的文字说"人咸知修其容，莫知饰其性"。不过，绝大多数人在"饰其性"的时候，亦不会放弃"修其容"的。图 2-15 是唐代的迷你铜镜，便于随时随地修其容。

　　用来放妆粉的容器也很讲究。例如唐代的银粉盒造型可爱，上面的雕花也非常精致（图 2-16）。五代吴越国的瓷妆盒的盖子上有七个儿童纹样，非常生动（图 2-17）。

图 2-15 唐·便携鎏金铜镜（中国国家博物馆藏）

图 2-16 唐·刻花银粉盒（中国国家博物馆藏）

图 2-17 五代·七子纹青瓷妆盒（中国国家博物馆藏）

第三节　佳人半露梅妆额

除了前面说的红妆外，女子面妆还有白妆、墨妆、紫妆、额黄妆、啼妆等，这些妆容多在六朝之前就已开始流行。白妆即以白粉敷面，两颊不施胭脂。墨妆流行于北周，指不施粉，以黛饰面。紫妆就是以紫色饰面。《古今注》记载："魏文帝宫人绝所爱者，有莫琼树、薛夜来、陈尚衣、段巧笑，皆日夜在帝侧。……巧笑始以锦衣丝履，作紫粉拂面。"北魏贾思勰《齐民要术》卷五记载了紫粉的制作方法："用白米英粉三分，胡粉一分（不着胡粉，不着人面），和合均调。取落葵子熟蒸，生布绞汁，和粉，日曝令干。若色浅者，更蒸取汁，重染如前法。"《本草纲目》卷二七"落葵"条目有："其子紫色，女人以渍粉，傅面为假色。……落葵三月种之，嫩苗可食。五月蔓延，其叶似杏叶而肥浓软滑，作蔬、和肉皆宜。八九月开细紫花，累累结实，大如五味子，熟则紫黑色。揉取汁，红如胭脂，女人饰面、点唇及染布物，谓之胡胭脂，亦曰染绛子，但久则色易变耳。"

历代女子脸部妆容多种多样，使用的材料也很多，有些妆容的出处浪漫而传奇。如流行了好几个朝代的"梅花妆"就很传奇。五代前蜀时期诗人牛峤《红蔷薇》诗有："若缀寿阳公主额，六宫争肯学梅妆。"诗中的梅花妆典故在《太平御览》中有记载，说的是南朝宋武帝刘裕的女儿寿阳公主，正月初七仰卧于含章殿下，殿前的梅树落下来一朵梅花，正好粘在公主的额上，梅花被清洗后在公主额上留下了五瓣梅花印记。宫中女子纷纷效仿，剪了梅花形贴于额头，称"梅花妆"。这种妆容传到民间，成为时尚，一直到唐五代都非常流行，到宋代还在使用。宋代欧阳修的词《诉衷情》也提到"梅花妆"："清晨帘幕卷轻霜，呵手试梅妆。都缘自有离恨，故画作远山长。　　思往事，惜流芳。易成伤。拟歌先敛，欲笑还颦，最断人肠。"南宋汪藻《醉落魄》词有："小舟帘隙，佳人半露梅妆额，绿云低映花如刻。恰似秋宵，一半银蟾白。"

《妆楼记》还记载了另一个故事：吴国孙和取悦邓夫人，让夫人坐在其大腿上，摆弄水精如意，结果误伤了夫人面颊，血一直滴到裤带上。太医说用白獭髓，加玉与琥珀粉末涂抹，可以不留疤痕。但最后还是在脸上留下红色斑点，看起来更加妩媚。孙和的其他妃嫔就用丹脂点颊，希望获得宠爱。

上述的这两个传说被认为与额黄妆出现有关，因为都是在脸部点染作妆。额黄妆是在额间涂上黄色，源于南北朝或更早时期。用来装饰脸部的黄粉称为额黄，也作"鹅黄"、"鸦黄"、"约黄"、"贴黄"、"花黄"等。南朝梁简文帝时期，宫内妃嫔染额黄。还有将黄色硬纸或金箔剪制成星、月、花、鸟等造型贴于额上，称花黄。如《木兰词》有："当窗理云鬓，对镜贴花黄。"梁简文帝《戏赠丽人》诗："同安鬟里拨，异作额间黄。"额黄饰面在唐代极为盛行，如李商隐《蝶》诗："寿阳公主嫁时妆，八字宫眉捧额黄。"《又效江南曲》："扫黛开宫额，裁裙约楚腰。"温庭筠诗《照影曲》："黄印额山轻为尘，翠鳞红稚俱含嚬。"

宋代额黄妆继续流行。宋代周邦彦《瑞龙吟》词："因念个人痴小，乍窥门户。侵晨浅约宫黄，障风映袖，盈盈笑语。"刘克庄《贺新郎·再用约字》词："浅把宫黄约。细端相、普陀烟里，金身珠络。"姜夔《角招》词："翠翘光欲溜，爱着宫黄，而今时候。"辛弃疾《鹧鸪天·赋梅》词："冰作骨，玉为容，常年宫额鬓云松。"韩玉《西江月》："捍拨声传酒绿，蔷薇面衬宫黄。"

清代褚人获撰《坚瓠补集》卷三记载了各朝的面妆："《西神脞说》:妇人匀面，古惟施朱傅粉而已。至六朝乃兼尚黄。《幽怪录》:'神女智琼额黄'。梁简文帝诗：'同安鬟里拨，异作额间黄。'温庭筠诗：'额黄无限夕阳山。'又：'黄印额山轻为尘。'又词：'蕊黄无限当山额。'牛峤词：'额黄侵腻发。'此额妆也。北周静帝，令宫人'黄眉墨妆'。庭筠诗：'柳风吹尽眉间黄。'张泌词：'依约残眉理旧黄。'此眉妆也。《西阳杂俎》有'黄星靥'。辽时燕俗，妇人有颜色者目为细娘，面涂黄，谓为佛妆。庭筠词：'脸上金霞细。'李贺诗：'宫人正靥黄。'宋彭汝砺诗：'有女夭夭称细娘，真珠络髻面涂黄。南人见怪疑为瘴，墨吏矜夸是佛妆。'此则面妆也。"其中提到北方游牧民族有脸上涂黄粉的，元代的蒙古族妇女就有这种妆容。

十三世纪时，法国使者鲁不鲁乞在其《鲁不鲁乞东游记》中描写蒙古妇女："所有的妇女都跨骑马上，像男人一样。她们用一块天蓝色的绸料在腰部把她们的长袍束起来，用另一块绸料束着胸部，并用一块白色绸料扎在两眼下面，向下挂到胸部。妇女们总是惊人的肥胖，一般认为，她们的鼻子越小，就越美丽。由于她们涂擦面孔，可怕地损毁了她们的外貌。"看来西方人并不认可蒙古妇女脸上涂黄粉的习惯。元代乔吉所作元曲《清江引·佳人病酒》有："罗帕粉香宫额上掩，宿酒春初散。"

据南宋吴曾《能改斋漫录》卷二记载："张芸叟《使辽录》云：'胡妇以黄物涂面如金，谓之佛妆。'予按，后周宣帝传位太子，自称天元皇帝，禁天下妇人不得施粉黛；自非宫人，皆黄面墨妆。以是知房妆尚黄久矣。"《北虏风俗·帽衣》载："（鞑靼妇女）耳亦穿小孔，贯以金铛银环，亦以朱粉以饰，但施朱则太赤，粉则太白，不似我中国之适均也。"

蒙族妇女喜用黄粉涂额。自壬辰、癸巳后（1352年），妇人多以淡素为主，且面颊也不施朱丹粉彩。

啼妆出现在东汉后期，以油膏薄薄地涂在眼睛下边，如啼哭状，到魏晋时期依然流行。唐代也流行啼妆，只是样式不大一样，当时被称为时世妆。白居易诗《时世妆》："时世妆，时世妆，出自城中传四方。时世流行无远近，腮不施朱面无粉。乌膏注唇唇似泥，双眉画作八字低。妍媸黑白失本态，妆成尽似含悲啼。圆鬟无鬓堆髻样，斜红不晕赭面状。昔闻被发伊川中，辛有见之知有戎。元和妆梳君记取，髻堆面赭非华风。"白居易诗《代书诗一百韵寄微之》："粉黛凝春态，金钿耀水嬉。风流夸堕髻，时世斗啼眉。"白居易诗《江南喜逢萧九彻，因话长安旧游，戏赠五十韵》："时世高梳髻，风流澹作妆。戴花红石竹，帔晕紫槟榔。"《和梦游春诗一百韵》："风流薄梳洗，时世宽妆束。袖软异文绫，裾轻单丝縠。裙腰银线压，梳掌金筐蹙。带襭紫蒲萄，裤花红石竹。"白居易在多首诗中提到时世妆，时世妆的特征之一是啼眉，啼眉就是八字眉，似啼哭状。眉毛一般是剃掉后重新画的。

《新唐书·车服志》说文宗禁止高髻、险妆、去眉、开额及吴越高头草履等。实际上根本禁不住，民间该如何还是如何。元稹《叙诗寄乐天书》则说："近世妇人，晕淡眉目，绾约头鬟，衣服修广之度及匹配色泽，尤剧怪艳。"诗人若非实在受不了这前卫的打扮，也不会用"尤剧怪艳"这么强烈的措辞。

唐宋之间，妇女喜欢在脸部贴上"花子"，也叫"面花儿"，段成式在《酉阳杂俎》卷八里有这样一段记载："今妇人面饰用花子，起自昭容上官氏所制，以掩黥迹。"段成式之子段公路在《北户录》卷三则有了细节描写："天后每对宰臣，令昭容卧于案裙下，记所奏事。一日宰相对事，昭容窃窥，上觉。退朝，怒甚，取甲刀扎于面上，不许拔。昭容遽为乞拔刀子诗。后为花子，以掩痕也。"《北户录》的这段文字真实性令人怀疑。上官婉儿的祖父上官仪获罪被杀，后随母郑氏配入内庭为婢，或是因为没入掖庭才留有黥迹。

唐代还有一种用花子贴于额头的"北苑妆"。宋代陶谷《清异录》卷六记："江南晚季，建阳进茶油花子，大小形制各别，极可爱。宫嫔缕金于面，皆以淡妆，以此花饼施于额上，时号'北苑妆'。"前页图 2-1 至图 2-4，唐代女子在额头处都贴有花子。

宋代除了沿用上述的花子之外，还用翠钿贴额。晏殊《采桑子·石竹》："佳人画阁新妆了，对立丛边。试摘婵娟。贴向眉心学翠钿。"

元代妇女脸上也贴"花子"，不过当时叫"翠靥"，元代陶宗仪所撰《南村辍耕录》载："今妇人面饰用花子，起自唐昭容氏所制，以掩黥迹。大历已前，士大夫妻多妒悍，婢妾小不如意，辄印面，故有月黥、钱黥。事见《西阳杂俎》。"元代词《十二月十二首》中有："面花儿，贴在我芙蓉额儿。"元末明初的熊梦祥所撰《析津志·岁贡》中记载了当时从中原向朝廷进贡的化妆品及首饰，其中就有用来贴在面部的面靥："资正院、中正院进上，系南城织染局总管府管办，金条、彩索、金珠、翠花、面靥、花钿、奇石、戒止、香粉、胭脂、洗药，各各精制如扇拂。一如上位仪式。"

明、清时期的仕女画上多不见花子等饰物，即使表现题材是唐宋时期的故事也多是明代流行的妆容，主要特征为脸部粉白（或三白脸），两腮晕浅浅的红，细而淡的眉（图 2-18 至图 2-23）。

女子面部还有一个重要的地方要装饰，那就是嘴唇。西晋傅玄《豫章行苦相篇》诗："低头和颜色，素齿结朱唇。"南朝梁江淹《咏美人春游》诗："白雪凝琼貌，明珠点绛唇。"南朝梁武帝《子夜歌》："朱口发艳歌，玉指弄娇弦。"唇妆一般先用粉将唇形掩盖，再用唇脂画出需要的唇形，称为"点唇"。唇脂主要成份是胭脂或朱砂，其中加入动物脂膏制成。中国历史上女性的唇妆大多以娇小红润为美，唐代时世妆表现的黑色嘴唇在整个历史中不太多见。清代的女子多画很小的唇形（图 2-24，图 2-25）。

图2-18 明·仇英《人物故事册·贵妃晓妆》局部
（故宫博物院藏）

图2-19 明·佚名《磨镜图页》局部
（故宫博物院藏）

图2-20 明·仇英《人物故事册·吹箫引凤》
局部（故宫博物院藏）

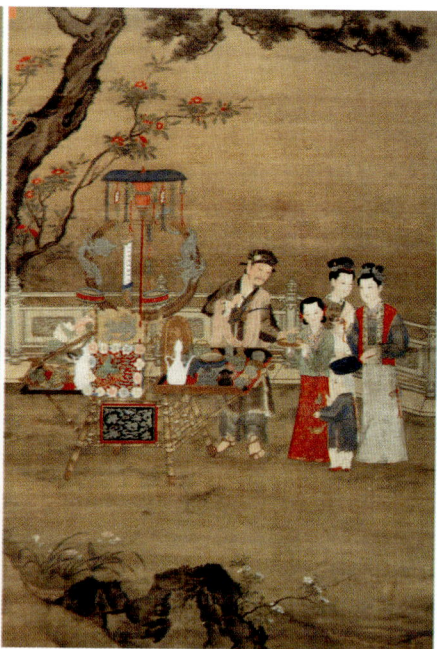

图2-21 明·佚名《夏景货郎图轴》局部
（故宫博物院藏）

图 2-22 清·陈崇光
《柳下晓妆图》局部
（南京博物院藏）

图 2-23 清·崔鏏《秋归思妇图》局部
（故宫博物院藏）

图 2-24 清·佚名《仕女吸烟图》
（故宫博物院藏）

图 2-25 清·点唇

第四节　美容方

古人不比今人，今人五官不好看可以整容，古人唯有从其他方面着手改善相貌。天生丽质、绝代佳人毕竟是少数，大多数女性要达到"美姿容"需要各种美容手段。古代女性外在美的标准大致为五官美、体型美、皮肤美等，五官和体型比较难以改变，改善皮肤则是重要功课，古人自有一套办法让皮肤达到细腻、光滑、美白。

清代李渔所撰《闲情偶寄》有一大段文字写了妇女保养皮肤的方法。"素者，白也。妇人本质，惟白最难。"李渔认为女子皮肤白才美，可是要白不容易，人是"父精母血交聚成胎"，"精也，血。精色带白，血则红而紫矣"，所以"多受父精而成胎者，其人之生也必白"，李渔认为白的原因似乎不大靠得住。

李渔接下来说，如果天生比较黑的，"豢以美食，处以曲房，犹可日趋于淡，以脚地未尽缩也。有幼时不白，长而始白者，此类是也。至其血色深紫，结而成胎，则其根本已缩，全无脚地可漂，及其生也，即服以水晶云母，居以玉殿琼楼，亦难望其变深为浅，但能守旧不迁，不致愈老愈黑，亦云幸矣。有富贵之家，生而不白，至长至老亦若是者，此类是也"。也就是说，通过后天的保养，如少晒太阳、饮食调理、服用美容药物等手段，还是可以逐渐变白的。

李渔还总结了各种先天条件下，皮肤改善的状况："妇人之白者易相，黑者亦易相，惟在黑白之间者，相之不易。有三法焉：面黑于身者易白，身黑于面者难白；肌肤之黑而嫩者易白，黑而粗者难白；皮肉之黑而宽者易白，黑而紧且实者难白。面黑于身者，以面在外而身在内，在外则有风吹日晒，其渐白也为难；身在衣中，较面稍白，则其由深而浅，业有明征，使面亦同身，蔽之有物，其验亦若是矣，故易白。

身黑于面者反此，故不易白。肌肤之细而嫩者，如绫罗纱绢，其体光滑，故受色易，退色亦易，稍受风吹，略经日照，则深者浅而浓者淡矣。粗则如布如毯，其受色之难，十倍于绫罗纱绢，至欲退之，其工又不止十倍，肌肤之理亦若是也，故知嫩者易白，而粗者难白。皮肉之黑而宽者，犹绸缎之未经熨，靴与履之未经楦者，因其皱而未直，故浅者似深，淡者似浓，一经熨楦之后，则纹理陡变，非复曩时色相矣。肌肤之宽者，以其血肉未足，犹待长养，亦犹待楦之靴履，未经烫熨之绫罗纱绢，此际若此，则其血肉充满之后必不若此，故知宽者易白，紧而实者难白。"

曾担任慈禧御前女官的裕德龄（笔名德龄公主）在《御香缥缈录》中描写了慈禧太后的皮肤，以及是如何保养的。第三十四回描写了亲见慈禧沐浴。"（慈禧）的身段原是非常美妙的，也不太肥，也不太瘦，肉色又出奇的鲜嫩，白得毫无半些疤瘢，看去又是十分的柔滑。像这样的一个躯体，寻常只有一般二十岁左右的少女才能有此。不料此刻我却在一位老太太的身上看到，真不可谓非奇迹了！那时候我不禁就暗暗地想着，如太后的面部更能化妆得年轻一些，再凑上伊这样白嫩细致的躯体，伊便可稳稳的被选为宫中最美丽的女性了。"慈禧太后在其老年依旧有着傲人的肌肤和身材。洗完澡之后，"那四名宫女一放下最后一次的毛巾，便忙着取过一缸已温热的耐冬花露来，便是太后每晚涂在脸上的东西，用四团纯白的丝绵，饱蘸了花露，不惜工本地往太后身上涂去。侍各处全涂遍了，再另外拿四条干净的毛巾来，给她轻轻地拍干。"耐冬就是茶花，耐冬花露当是用茶花所调制的皮肤保养品。

《御香缥缈录》第三十二回描述了慈禧的化妆和保养的方法，从中可以看到后天保养的重要。慈禧用的妆粉是米粉加极少量铅粉，因为那时候已经知道铅的毒性。"这种粉的里面，虽是为了要不使它易于团结成片的缘故，也像外面一样加入铅粉在内，然而所加的分量是很少很少的，只仅仅使它不团起来就得；外面所制的往往一味滥加，以致用的人隔了一年半载，便深受铅毒，脸色渐渐发起青来，连皮肤也跟着粗糙了，有几种甚至会使人的脸在不知不觉中变黑起来，如果在举行什么朝典的时候，我们的脸色忽然变了黑色，岂不要闹成一桩绝大的笑话！""（慈禧）的粉虽然是那样的考究，但伊却用得很少，不像寻常一般妇女那样动辄涂成一张曹操似的白脸。她只是很薄地敷上一层就算了，大概这也是伊的'美容秘诀'之一。"

慈禧用的胭脂用玫瑰花汁制成，只挑颜色正常的花瓣榨汁，仅仅挑这些颜色一致的花瓣就已经相当费工夫。"于是便把它们安在洁净的石臼里，慢慢的舂，一直舂到花瓣变成厚浆一般才歇，接着再用细纱制成的滤器滤过，使一切杂质尽可能完全滤去，成为最明净的花汁，这样就开始做胭脂最重要的一部分工作了。""花的液汁制成后，我们便用当年新缫就的蚕丝来（当然是未染过的白丝），压成一方方像月饼一样的东西。它们的大小是依着我的胭脂缸的口径而定的，所以恰好容纳得下。这一方方的丝绵至少要在花汁中浸上五天或六天，才可以通体浸透，瞧它们一浸透，便逐一取出来，送到太阳光下面去晒着，约莫晒过三四天，它们已经干透了，方始可以送进来给我们使用。所费的工夫，仔细算来确也不少，幸而我们也用得不怎样浪费，每做一次，总可够五个月或半年之用咧！"

慈禧还用鸡子清覆盖脸部皱纹，"搽的时候却并不随随便便的满脸都搽上，只拣那几条皱纹上涂去。""鸡子清大概在伊用过晚饭后便搽上，一直要到她上床安息前的半小时或四十分钟才用肥皂和清水抹去"。慈禧所用的肥皂"原料是玫瑰花或茉莉花的汁，和上几种不知名的油类，冻成一块块花式不同的肥皂"。

"将安息前的半小时光景，太后既把那些鸡子清用香皂和清水洗去以后，接着便得另外搽上一种液汁，这种液汁也是太后自己所发明的。它的制法如下：制造的手续是并不怎样繁复的，只是那一套用具却很特别。它的构造的意义大致和现代的蒸馏器相同，全部是铜制的，一排共是三个圆筒：第一个圆筒里面是安着少许的水和酒精，下面用不很猛烈的火焰蒸着，于是那酒精和水所蒸发成了的水汽便打一根很细的铜管里流往第二个圆筒里去，这第二个圆筒内满装着许多耐冬花，下面也燃着火，待第一个圆筒内流来的汽水，再合着这些耐冬花蒸上一会之后，自然又蒸发成一种水汽，这种水汽便打另外一支细铜管中流进了第三个圆筒中去。这时候所得的水汽，已是酒精、水和耐冬花三者混合成的精液了，而且是充满着一股花香，像我们所习用的香水精差不多，又因蒸煮它很费工夫，不能不预先积储若干，以便太后每晚敷用。这种液汁据说是富于收敛性的，它能使太后脸上方才已给鸡子清绷得很紧的一部分的皮肤重复宽弛起来，但又能使那些皱纹不再伸长或扩大，功效异常伟大，因此每晚太后在上床以前所做的最末的一件事，便是搽抹这种花液。"

每天早上，慈禧下床第一件事，便是涂抹特地熬就的稀薄脂油，消除昨晚所涂的那一重花液，静静地等上十数分钟，用一方最柔软的毛巾把油一起抹掉，接下去便是敷粉和涂胭脂了。

慈禧的双手一般也是要用脂油涂抹的。"太后的双手真可说是很奇怪的，不仅白腻，而且是极柔嫩，决不在我们年轻人之下。""太后有一个很古怪的脾气，不许我们用毛巾给伊擦抹，必须让我们用毛巾轻轻地给伊拍着，一直拍得又干又净才止。这样真是很费时间的，而且还得有耐性，再有在平常的时候，逢到伊老人家要洗手了，也必须我们去承值。洗过之后，又得用同样的毛巾给伊拍干。便是每天晚上伊脸上所搽的那种花液，伊手上也是一般要搽的，这项工作就由当晚轮到值班的女官担任。"

慈禧每隔十天服食珠子所研成的粉末一次，慈禧告诉德龄公主："如其稍稍服食几许，那是很能帮助我们留驻青春的，它的功效纯粹在皮肤上透露，可以使人的皮肤永远十分柔滑有光，年老的人可以和年轻的人一般无二，只是服食的分量千万要少一些，而且每两次之间，一定要隔相当的日子，如其服食的分量太多了，或是没有按规定的时间，随便隔几天就服食一次，那么非但对于人体无益，简直还是大大的有危害咧！"

慈禧还有其他方法辅助美容，如每天早上还用两根约摸二三寸长的玉棍在自己的脸上或上或下地滚着。慈禧认为这样能阻止皱纹的蔓延。慈禧还相信人的乳汁可以延缓衰老，每天总得喝大半茶碗的人乳。为此，宫中需要长期雇佣乳母。因为这个还引起过极大的误会，两三个乳母必须带着自己的孩子，孩子的啼哭会时不时传出宫墙，便有谣言说慈禧和安德海有了私生子。这不知算不算美容带来的副作用。

慈禧的皮肤应是长期全套美容过程的结果。一般人家女子当然没法做到这么复杂的过程，所用方法也就较为简单。宋代庄季裕《鸡肋编》卷上："(燕地女子)冬月以栝蒌涂面，谓之佛妆。但加傅而不洗，至春暖方涤去，久不为风日所侵，故洁白如玉也。"北方冬天寒冷干燥，用栝蒌涂面经冬不洗，用来护脸。《本草纲目》卷十八"栝楼"条附方中有"面黑令白"的方子："栝楼瓤三两，杏仁一两，猪肚一具，同研如膏。

每夜涂之，令人光润，冬月不皴。"栝楼也称瓜蒌，多年生攀缘型草本植物。栝楼籽可以治"手面皱"。

自古有各种保养美容的药方传下，古代女子以此改善皮肤。从魏晋至唐的美容品有擦脸油、护手霜、澡豆等。澡豆用于身体清洗，主要成分为豆粉。唐代美容护肤药品的配方不容易获得，药方多是保密的。如王建《宫词》写道："供御香方加减频，水沉山麝每回新。内中不许相传出，已被医家写与人。"孙思邈在《千金翼方》中也说："然今之医门极为秘惜，不许弟子泄露一法，至于父子之间亦不传示。然圣人之法，欲使家家悉解，人人自知，岂使愚于天下，令至道不行，拥蔽圣人之意甚可怪也。"

民国初年汪瀚所编的《秘术海》收集了不少古代美容秘方。如："令黑面转白法。白冬瓜一个，竹刀去皮切片，酒一升半，水一升，煮烂去皮，滤去渣，熬成膏，磁瓶收贮。每夜涂之，次早洗去。又天门冬曝干，和蜜捣烂为丸，日用洗面，即转白。栝蒌三两，杏仁一两，猪胰一具，同研如膏。每夜涂之，令面光润，冬月不皱。载《圣济总录》。"

"润面七香散方。黑丑（十二两）、皂角（去皮烧四两）、天花粉、零陵香、甘松、白芷（各二两），共为细末。洗面或洗澡时，蘸药擦之。容貌娇嫩如花。此《传家宝》所载秘方也。"

"洗面换容方。甘松、山奈、香薷、白芷、白芨、白蔹、防风、蒿本、白僵蚕、白附子、天花粉、零陵香、绿豆粉、肥皂（煨，各等分）为细末，每早用以洗面，最馨香，美颜色，雀斑黑点自除，试有奇效。见载《仙拈集》。"

"养容奇方。《奇方类编》载：以白菊花（一两）、梨汁（半碗）、白果（一两）、白蜜（一两）、人乳（半盅）、白酒酿（半盅），先将白菊花、梨汁入好酒蒸浓汁，再将白果捣烂，蜜乳研在一处，卧时搽面，次早洗之颜如童子。"

"美人莹面秘方。《开宝遗事》唐宫秘笈《千金翼》同载：妇人欲面白娇红，莹泽如玉者，以朱砂（二钱）、雄黄（二分）、轻粉（一分），共为末，晚间用鸡蛋青调匀搽面，次早洗去。数日之后面上现桃花色。如以母猪蹄一具，煮汁如膏，夜涂旦洗，老妇渐嫩如少年。"

"使燥手洁白莹润法。美人之手粗燥不润，亦极一大缺憾。今得《传家宝》载一法：以杏仁、天花粉（各一两）、红枣（十个）、猪胰子（三副作全具）共捣如泥，入酒四钟，浸瓦罐内。晨抹之。一月后，皮肤光腻如玉，经冬月亦不冻坼，洵不传之秘也。"

"使肌肤莹洁白泽法。方名《杨妃润体膏》专治妇人身不白洁及粗燥诸病。方用人乳、象精、白蜜、藕汁，等分熬膏，加苏合油调匀，浴后满身涂之。一月之后，遍体嫩滑香润，此杨妃宫中日用之方也。又沉香、丁香、降香、乳香、藿香、茴香、砂仁、甘松、山柰、白芷、细辛、川芎、蒿本、桂心、潮脑、当归、百药煎、肉豆蔻、豆粉（各二两）、麝香（一钱），共为末，炼蜜丸，如弹子大。每早用水漱口，入舌根下含化一丸。三日口香，五日身香，十日二十日床被香，一月后洗面皆香，二三月后，面如童子身，身软如绵，兼能起阴壮阳，祛风去冷，闺阁不可不知之秘方也。"

尚有许多美肤美颜方不一一尽录，仅从以上记录可知古人欲令青春永驻着实想尽了办法。有些方子看着就觉不易，一剂美容方需十多味草药及其他配料，然而，这些难处似乎阻挡不了女性留住年轻的决心。

三 >>　　　发上文章

　　　　　人类最初挽个发髻的动机大约是因为长头发碍事。头发挽起后，用一根小树枝穿过发髻并固定，人类的第一款发髻就诞生了,这种发髻被称为椎髻,这根树枝被称为笄。逐渐的,发髻越来越复杂，被赋予越来越多的含义，并成为社会地位的标志。贵族挽高髻，地位卑下的只能用低矮发髻。当自身头发已经无法达到希望的发髻高度时，就有了假发以及填充物。巨大的发髻成为各种装饰物的舞台，各式包髻通过裹缠的方式制出。当假发和填充物将发髻提高到极点时，发髻开始向两边扩展。发髻的历史是一个充满想象力的历史，螺髻、半翻髻、反绾髻、三角髻、飞天髻、双环望仙髻、双螺髻、惊鹄髻、回鹘髻、乌蛮髻、抛家髻、闹扫妆髻、同心髻、流苏髻、包髻……如此之多的发髻样式足以让人惊叹古人创造时尚的能力。

第一节　孟光的椎髻

梁鸿是汉代著名隐士，唐代王勃《滕王阁序》中"窜梁鸿于海曲，岂乏明时"，说的就是这位梁鸿。《后汉书·梁鸿传》记载说，梁鸿是有名的高士，许多女子想嫁给他，都被梁鸿拒绝。同县有位姓孟的女子，"状肥丑而黑"，力气大得能举起石臼，三十岁了还不嫁人。父母问其故，孟女说："就想找贤如梁鸿的人为丈夫。"梁鸿听说后就下了聘书。到了出嫁那天，孟女盛装入门。梁鸿见了，七天都没理妻子，妻子跪下请问原因。梁鸿说："我一直希望我的夫人是穿裘褐之类粗布衣服，能够和我一起隐居深山的人。而现在你穿着绮缟，浓妆艳抹，难道是我所期盼的吗？"孟女说："这只不过是查看丈夫的志向罢了。我自有隐居之服。"于是将发式改为最简单的椎髻，穿着布衣，在织机前织布。梁鸿大喜说："这才是梁鸿的妻子啊。可以侍奉我了！"梁鸿为自己的妻子取名为孟光。

后来梁鸿因写了一首得罪皇帝的《五噫之歌》，不得已逃到吴地，投靠豪族皋伯通，住在廊下小屋中，靠为人舂米过活。每次回来，妻子为他做好饭，不敢仰视梁鸿，将放饭的小案举过眉头请丈夫用餐。皋伯通很诧异，说："能让其妻子如此尊敬的必不是一般人啊。"这就是"举案齐眉"的典故。

椎髻是发髻中最简单的样式，早期人类是将头发披着的，后来将头发挽起在头顶，用笄穿过发髻，这就是椎髻。人类早期使用骨笄固定发髻。（图3-1）"举案齐眉"的模范夫妻会因为发髻样式以及妆扮而有分歧，可见在汉代时，发式算个大事。椎髻是在先秦就已经流行的一种发式，后世一直有人使用。《汉书·李陵传》有："后陵、律持牛酒劳汉使，博饮，两人皆胡服椎结。"唐代颜师古注："结读曰髻，一撮之髻，

图 3-1 新石器时代·仰韶文化遗址出土的骨笄（河南博物院藏）

其形如椎。"椎是古代的敲打工具（或兵器），长把，一头为圆形，这种髻的造型与椎头相似，所以被称为"椎髻"。先秦时期，椎髻高低和身份高低有关。男子椎髻挽在头顶，以高髻为尊，低扁髻为卑。女子椎髻于脑后的是贵族，垂髻于颈的则是平民。

头发在古代有着重要的象征意义，现在还用"结发夫妻"来说婚姻。相传汉代苏武出使匈奴前写的《留别妻》诗有："结发为夫妇，恩爱两不疑。"不过这首诗应该是后人所撰。唐代晁采有一首诗《子夜歌》："侬既剪云鬟，郎亦分丝发。觅向无人处，绾作同心结。"讲述了情人之间取下一缕头发编成同心结，作为爱的信物。"同心结"一般由两股彩绳编织并抽紧成连环回文而成。南齐名妓苏小小的《西陵歌》："妾乘油壁车，郎骑青骢马。何处结同心？西陵松柏下。"南朝梁武帝的《有所思》诗："腰间双绮带，梦为同心结。"宋代做同心结和结发成为一种正式且固定的习俗。宋代孟元老所著《东京梦华录·娶妇》记载，进入洞房后，"婿于床前请新妇出，二家各出彩段绾一同心，谓之'牵巾'。男挂于笏，女搭于手，男倒行出，面皆相向，至家庙前参拜毕，女复倒行扶入房讲拜，男女各争先后，对拜毕就床，女向左、男向右坐，妇女以金钱彩果散掷，谓之'撒帐'。男左女右，留少头发，二家出匹段钗子，木梳头须之类，谓之'合髻'"。宋代结同心称为"牵巾"，结发称为"合髻"。

古代发式的重要性还体现在发式是说明身份的。《礼记·内则》记："三月之末，择日，剪发为鬌，男角女羁。"意思是孩子三个月大的时候，男孩子在头顶两侧留头发，称为"角"；女孩子在头顶中间留发，叫做"羁"。婴孩长大后，头上梳两个小髻，称"总角"，如《诗经·卫风·氓》所言："总角之宴，言笑晏晏。"小孩子的自然垂下的头发称为"髫"，后来就用垂髫称呼三岁至九岁的小孩子，如陶渊明《桃花源记》中有："黄发垂髫，并怡然自乐。""总角"和"垂髫"代称幼小的年龄。小女孩多在头两边梳两个小发髻，像树枝的分叉"丫"字一样，这是小女孩被称为丫头的出处。图3-2至图3-5是不同时期的丫髻，图中的丫髻不是指年龄小，而是指其身份为侍女。

古代汉族男子长大要进行冠礼，戴上帽子表示成人。女子成人则是要挽起发髻，举行"笄礼"。宋代前举行笄礼的日期无太多讲究，宋代笄礼改在清明节的前两天举行。笄礼起源于周代，《礼记·内则》记载："女子十有五而笄。"十五岁时，如果已经许嫁，即可梳挽成人的发髻，所以称女子成年为"及笄"。已许嫁女子的笄礼，仪式一般比较隆重，还要宴请宾客。笄礼之后的女子要用黑帛布包髻，在发髻上缠

图3-2 西魏·彩绘双丫髻女俑
（中国国家博物馆藏）

图3-3 隋·骑马女俑
（中国国家博物馆藏）

图 3-4 唐·骑马女俑
（中国国家博物馆藏）

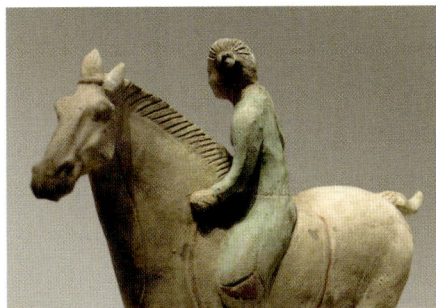

图 3-5 唐·骑马女俑
（侧面）

一根五彩丝线，表示其身已有所许，直到成亲之日，由她的丈夫把这根丝线取下来。这就是《仪礼·士昏礼》所说的"主人（婿）入室，亲脱妇之缨"。没有许嫁的女子，到时只给她梳一个发髻并插上发笄就行了，仪式完毕以后，还要取下发笄，恢复原来的发式。五代马缟《中华古今注》解释说："自古之有髻，而吉者，系也。女子十五而笄，许嫁于人，以系他族，故曰髻。"女子笄礼也称"上头"。如梁简文帝《和人渡水》诗云："婉娩新上头，湔裙出乐游。"花蕊夫人《宫词》云："年初十五最风流，新赐云鬟便上头。"明清以后，笄礼消失，但是婚嫁的时候，男家要为新妇"上髻"，女家要为新婚冠巾。"上髻"就是改做少妇妆扮。

从发髻就可以区分丫鬟和小姐，图 3-6 中右边的小姐已经及笄，而丫鬟则梳双丫髻。

图3-6 明《西厢评林大全》插图（选自周芜，《日本藏中国古版画珍品》，江苏美术出版社，1999年）

第二节　发髻的历史

在仰韶文化和龙山文化遗址中，发现有陶笄、骨笄等束发工具，说明在新石器时代，已经有了束发、辫发、挽髻等发式。

东周时期妇女的辫发样式有了新的变化。比较明显的特点是把辫发梳成双股，并蓄得很长，大部分妇女的发辫，都垂到腰间。一些妇女为了使自己的发辫达到这样的长度，在发辫的尾端衔接假发。春秋开始，汉族女子的发髻已经多样化，汉族男子则已经束发戴冠。《楚辞·招魂》有"长发曼鬋，艳陆离些"，说的是战国楚国宫廷里的女子长发飘飘，光泽亮丽。

江陵汉墓出土的彩绘木俑、湖南长沙马王堆汉墓出土的穿衣木俑等，发型都是由正中开缝，颈后集束为一股，挽成发髻后垂于背部，再从中抽出一部分头发，在头的一侧垂下。战国至汉代的发髻都比较低矮（图3-7至图3-9），秦代有凌

图 3-7 战国·彩绘木俑
（上海博物馆藏）

图 3-8 西汉·彩绘陶女俑
（河南博物院藏）

图 3-9 汉·长信宫灯（河北博物院藏）

云髻、望仙九鬟髻、参鸾髻等。五代马缟《中华古今注》记："秦始皇好神仙，常令宫人梳仙髻，贴五色花子，画为云凤虎飞升。"

汉代有一种"分髾髻"，将头发攒髻于头顶，留出一撮余发下垂，这撮下垂的余发就叫"垂髾"或"髾"。《髻鬟品》中有："汉代宫人梳百合分髾髻。"魏晋时的分髾髻有双股及多股发髾，传为顾恺之所绘《女史箴图》中的妇女就梳有这种发式。

东汉流行堕马髻，《后汉书·五行志》记："桓帝元嘉中，京都妇女作愁眉、啼妆、堕马髻、折要步、龋齿笑。所谓愁眉者，细而曲折。啼妆者，薄拭目下，若啼处。堕马髻者，作一边。"《后汉书·梁统列传》记梁冀妻孙寿被封为襄城君，每年收入五千万，待遇和长公主差不多，孙寿"色美而善为妖态，作愁眉，啼妆，堕马髻，折腰步，龋齿笑，以为媚惑"。晋代崔豹《古今注》说："堕马髻今无复作者。倭堕髻，一云堕马之余形也。"汉代乐府诗歌《陌上桑》描写罗敷说："秦氏有好女，自名为罗敷。……头上倭堕髻，耳中明月珠。"

《后汉书·皇后纪》李贤注引《东观记》："明帝马皇后美发，为四起大髻，但以发成，尚有余，绕髻三匝。"晋人笔记小说《鲁元公主外传》记载汉惠帝皇后张氏："首不加冠，而盘髻如旋螺。"

东晋时人撰的《汉宫春色》也说，鲁元公主的长女，即后来的孝惠皇后头发很长，不需假发，常盘发髻如旋螺。

魏晋南北朝时期，高髻的形式多样。综合《中华古今注》、《髻鬟品》、《妆台记》等书记载，魏有芙蓉归云髻、涵烟髻、灵蛇髻、反绾髻、百花髻；晋有撷子髻、芙蓉髻；陈有随云髻；梁有罗光髻、回心髻、归真髻等。传为顾恺之所绘的《列女图卷》显示了此时流行的高大发型（图3–10）。

图 3-10 东晋·顾恺之（传）《列女图卷》局部（故宫博物院藏）

图 3-11 北齐·娄睿墓出土彩绘女俑（山西博物院藏）

图 3-12 北魏女陶俑
（中国国家博物馆藏）

图 3-13 北魏女陶俑（半侧面）

图 3-14 北魏女陶俑
（中国国家博物馆藏）

图 3-15 北魏女陶俑（侧面）

马缟《中华古今注》记载"魏宫人好画长眉，令作蛾眉、惊鹄髻"。惊鹄髻指发髻高耸似鸟高飞状，甘肃麦积山北魏壁画上的乐伎以及娄睿墓中的彩绘俑就梳有这种发髻。（图3-11）

魏晋时期十字髻很流行，因其发髻呈十字形，故名十字高髻。西安草场坡出土北魏女陶俑，女子梳十字髻，穿深衣式长袍。十字髻是在头顶正中将发盘成十字形，再将余发在头的两侧盘成环并垂下，上用簪梳固定（图3-12，图3-13）。此时还出现了包髻，发髻用织物包缠出造型（图3-14，图3-15）。

南北朝之前，妇女戴假发起初多限于宫廷贵妇。后来上至后妃，下至贫女，都戴假发，称为假髻或假头。贫家置办不起假发的，就找人"借头"。真头发也有买卖，并且很值钱。宫中妇女还以发饰数量作为等级标志。南北朝后，女性喜爱将自己的鬓发留长至颈部，有的甚至披搭于两肩。此时的鬓发有阔鬓和薄鬓两种。阔鬓，即宽大的鬓式，有鸦鬓、缓鬓之分。梳鸦鬓时将鬓发整理成薄片状，两头高翘弯曲，形似鸦翅，发髻部分窄而高耸如鸦首，鸦鬓始于六朝时期。缓鬓则与脑后的头发相连，可以将两耳遮住。梳这种鬓发的女性，多为王公贵妇，她们除了饰以缓鬓外，还要配上假发作"倾髻"。《异苑》卷四记载："太元中，王公妇女必缓鬓倾髻，以为盛饰。用发既多，不可恒戴，乃先于木及笼上装之，名曰'假髻'，或名'假头'。至于贫家不能自办，自号'无头'，就人借头。"

相传灵蛇髻是三国时魏文帝皇后甄氏所创。清人所撰的《续髻鬟品》记载说："甄后既入魏宫。宫廷有一绿蛇，口中恒有赤珠，若梧子大，不伤人。每日后梳妆，则盘结一髻形于后前。后异之。因效而为髻，巧夺天工。故后髻每日不同，

图 3-16 北朝女陶俑
（中国国家博物馆藏）

图 3-18 唐·三彩女侍俑
（中国国家博物馆藏）

图 3-19 唐·懿德太子墓壁画

图 3-17 唐·佚名《树下美人图》（日本热海美术馆藏）

号为灵蛇髻。宫人拟之，十不得一二也。"

《宋书·五行志》记载，宋文帝元嘉元年，民间妇人结发髻，把头发梳成三缕，抽其鬟直向上，谓之"飞天绐"。绐，指结发。这种发髻"始自东府，流被民庶"。飞天绐是把头发挽到头顶，分成数股，分别挽成数个弯曲的环，直耸向上。

双髻是在头顶左右各挽一髻，成双成对（图 3-16）。梁简文帝《咏武陵王左右伍嵩传杯》："顶分如两髻，簪长验上头。"

薄鬓是将鬓发梳理成薄片状，紧贴于面颊。又名"云鬓"、"雾鬓"、"蝉鬓"。这种鬓式出现于三国时期，相传为魏文帝宫人莫琼树所创。直至唐宋，盛行不衰。南朝梁元帝曾赋《登颜园故阁诗》有："妆成理蝉鬓，笑罢敛蛾眉。"

云髻类似云朵之状，如曹植诗："云髻峨峨。"梁朝女诗人沈满愿《咏步摇花》诗："但令云髻插，蛾眉本易成。"谢朓《咏落梅》诗："用持插云髻，翡翠比光辉。"

相传撷子髻是晋惠帝皇后贾南风首创的。干宝《晋记》中称："初，贾后造首绐，以缯缚其髻，天下化之，名撷子绐也。"《晋书·五行志》记载晋惠帝元康时期："是时妇人结发者既成，以缯急束其环，名曰撷子绐。始自中宫，天下化之。"

妇女在头发上簪戴鲜花应该很早就有，如南朝宋有诗《石城乐》："阳春百花生，摘插环髻前。"梁朝张隐诗《咏素馨花》："细花穿弱缕，盘向绿云鬓。"

花钗芙蓉髻的样式是发髻上耸，状若芙蓉，再插以花钗，合在一起称花钗芙蓉髻。乐府诗《读曲歌》有云："花钗芙蓉髻，双鬓如浮云。"

唐代有螺髻、半翻髻、反绾髻、三角髻、飞天髻、双环望仙髻、双螺髻、惊鹄髻（图 3-17）、回鹘髻、乌蛮髻及峨髻等。《髻鬟品》中说，"高祖宫中有半翻髻"。

螺髻形似螺壳而得名。晋崔豹《古今注》："童子结发以为螺髻,言其形似螺壳。"唐和凝《宫词》："螺髻凝香晓黛浓",见图 3-18。

关于反绾髻唐代顾况《险竿歌》中有："宛陵女儿擘飞手,长竿横空上下走。……翻身挂影恣腾踔,反绾头髻盘旋风。"描写的是杂耍女子在高杆子上飞舞的场景,也可推测反绾髻在唐代是普通百姓普遍使用的一种发髻(图 3-19)。

双环望仙髻是在头顶两侧各扎环状发型(图 3-20)。唐代段成式诗《柔卿解籍戏呈飞卿》："出意挑鬟一尺长,金为钿鸟簇钗梁。"戏言髻环高大,发髻上面还插着金鸟饰的钗。

回鹘髻,是一种少数民族发式。敦煌 16 号窟五代壁画中有回鹘夫人供养像,发髻集束于顶,桃形冠帽罩住,髻根扎绢带。在夫人身后的侍女,也有梳着这种发髻的。《新五代史·回鹘传》记："妇人总发为髻,高五六寸,以红绢囊之,既嫁,则加毡帽。"

乌蛮髻,《苗俗纪闻》有:"妇人髻高一尺,膏以脂,光可鉴人,婀娜及额,类叠而锐,倘所谓乌蛮髻耶。"这种发髻虽然高叠,却作宝塔状,所以不至于有倾倒之虑。唐人小说中女侠红线就梳此髻。

峨髻,是中晚唐时期流行的妇女发髻。唐代李贺《十二月辞》中有:"金翅峨髻愁暮云。"如《簪花仕女图》所示发髻。

唐代还有圆环椎髻,在头顶位置梳出一个圆形髻(图 3-21,图 3-22)。《新唐书·五行志》说:"元和末,妇人为圆鬟椎髻,不设鬓饰,不施朱粉,惟以乌膏注唇,状似悲啼者。"

唐代还流行抛家髻、闹扫妆髻。所谓抛家髻,就是将头发束到头顶一侧,发髻向一侧抛出。清代孔尚任作《桃花扇·传歌》有:"重点檀唇胭脂腻,匆匆挽个抛家髻。"周昉所绘《挥

图 3-20 唐·新城长公主墓壁画

图 3-21 唐·三彩女侍俑
（中国国家博物馆藏）

图 3-22 唐·三彩女侍俑
（中国国家博物馆藏）

图 3-23 唐·周昉《挥扇仕女图》局部（故宫博物院藏）

扇仕女图》中的女子就是这种发式（图3-23）。

闹扫妆髻是唐末宫中兴起的一种髻式。发髻名称说明这是一种较为随意并且装饰繁多，看起来很热闹的发式。明代徐士俊《十髻谣》说："随意妆成，是名闹扫。枕畔钗横，任君颠倒。"明代张岱《夜航船》卷十三有："唐末宫中髻，号闹扫妆，形如焱风散，盖盘鸦、堕马之类。"段成式《髻鬟品》记："贞元中有归顺髻，又有闹扫妆髻。"唐代张氏女《梦王尚书口授吟》诗中有一句："鬟梳闹扫学宫妆，独立闲庭纳夜凉。"宋代这种发式应该还有，宋代张先所作词《满江红·初春》就有："晴鸽试铃风力软，雏莺弄舌春寒薄。但只愁、锦绣闹妆时，东风恶。"另外还有一种和闹扫妆髻相似的发髻，称为"拔丛"。宋代王谠《唐语林》卷七说："唐末妇人梳髻，谓'拔丛'。以乱发为胎，垂障于目。"

唐代的发型演变可见图（图3-24）。

五代时，南唐后宫嫔妃、宫人梳高髻，满头金翠珠玉首饰，髻旁插鲜花，源自南唐的昭惠皇后周氏独创的高髻。宫中女子梳高髻，穿轻薄纤细的衣裳。宋代陆游撰《南唐书》卷十六记载周后"创为高髻纤裳及首翘鬓朵之妆，人皆效之"。清人撰《十国宫词》中的"纤裳高髻淡蛾眉"描述了南唐宫中的大致妆扮。

宋代妇女承五代遗风，也以高髻为时尚，有"同心髻"、"流苏髻"、"包髻"等。同心髻，将头发挽至顶部编成一个圆形发髻。包髻，在发式造型已经定型以后，再用绢、帛一类的布巾包裹，或包裹成各式花形，饰以鲜花、珠宝等装饰物，如图3-25、图3-26中的妇女头上饰不同造型的包髻。蕉髻，髻四周环以绿翠，髻形椭圆。龙蕊髻，在发髻根处扎彩缯。大盘髻，头发绕五圈后扎牢，用丝网和玉钗固定。绕三圈后插金钗，不用网固定的称为小盘髻。还有盘福髻、懒

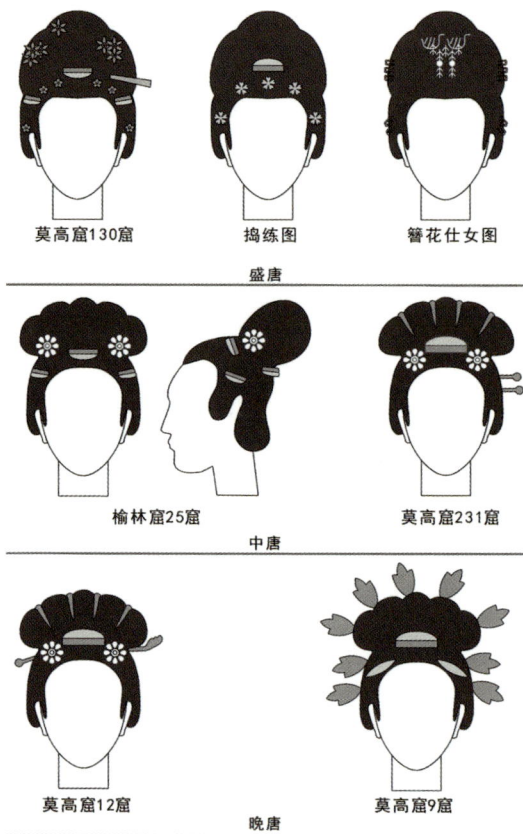

莫高窟130窟　　　捣练图　　　簪花仕女图

盛唐

榆林窟25窟　　　　　　　莫高窟231窟

中唐

莫高窟12窟　　　　　莫高窟9窟

晚唐

图 3-24 唐·发型样式示意图

图 3-25 宋·佚名《孝经图轴》局部
（南京博物院藏）

图 3-26 宋·河南白沙墓壁画（临本）

梳髻、三髻丫、双鬟髻等。年龄较小的女子，一般梳丫髻或挽髻于两侧。

宋代建隆初，四川的妇女流行梳高髻，称为"朝天髻"。高髻需用假发编入或用假髻作底。有些城市有店铺生产和销售假髻，如宋代孟元老撰《东京梦华录》卷三里就记载有："皆诸寺师姑卖绣作、领抹、花朵、珠翠头面、生色销金花样幞头帽子、特髻冠子、绦线之类。"北宋端拱二年，宫廷宣召禁断妇女假髻，不得作高髻及高冠。从朝廷的禁令中可以看到，宋初女子梳高髻很流行，并向更高大发展，以至于惊动了朝廷。

宋代女子的流行发式变化很快，如崇宁年间汴京女子流行的大鬓方额，政和至宣和年间流行的急扎垂肩。北宋后期，女真族束发垂脑的发式影响到宫中及民间，称"女真妆"。宋代高髻当时还有个称呼为"不走落"。宋代袁褧撰《枫窗小牍》记载北宋末年的崇宁年间流行大鬓方额，政宣年间又尚急扎垂肩，然后是云尖巧额，鬓撑金凤。而南宋绍兴二十三年，士庶家流行用胎鹿皮制妇人冠，山民采捕胎鹿几乎灭了鹿种。没过多久，妇人服饰又流行以翠羽制作。这些奇怪的服饰被史书称为"服妖"。

陆游《入蜀记》卷六记载南宋四川女子"未嫁者，率为同心髻，高二尺，插银钗至六只，后插大象牙梳，如手大"。晏几道《采桑子》词说："双螺未学同心绾，已占歌名。"

流苏髻在髻的根部要系束丝带。清代褚人获编《坚瓠集·壬集》之二有："《谢氏诗源》:轻云鬓发如漆而长，每梳头，立于榻上，发犹拂地。已绾髻，左右余发各粗一指，结束作同心带垂于两肩，以珠翠饰之，谓之流苏髻。于是女子多以红青丝效其制。少陵赠美人诗曰：'笛唇杨拆柳，衣发挂流苏。'"

宋代流行在头发上簪戴真花或者珠宝做的假花。《宋仁宗皇后像》中的两位宫女，头戴幞头，幞头上插满珠翠花饰，还有珠络垂下（图5-15）。明代田汝成编著的《西湖游览志余》卷十记载南宋官僚张功甫在春天举行牡丹会，"别有名妓数十辈皆衣白，首饰衣领皆绣牡丹，首戴照殿红。一妓执板奏歌侑觞，歌罢乐作乃退。复垂帘，谈论自如，良久香起，卷帘如前，别数十妓易服与花而出。大抵簪白花则衣紫，紫花则衣鹅黄，黄花则衣红，如是十杯，衣与花凡十易，所讴者，皆前辈牡丹名词"。当时的场景必是非常耀目，头上簪花颜色与衣服搭配，白花配紫衣、紫花配黄衣、黄花配红衣。

元明时期的妇女发髻高度降低。南方女子梳龙盘髻，明杨维桢撰《铁崖古乐府》卷五有《贫妇谣》诗："龙盘有髻不复梳，宝瑟无弦为谁御。"《全元曲》收录无名氏所作散曲《脱布衫过小梁州·美妓》有："犀梳斜坠鬓云松，黄金凤，高插翠盘龙。"这种发髻因在头顶盘曲缠绕而得名（图3-27）。

元代乔吉的诗句记载了当时的合欢髻、同心髻："合欢髻子楚云松，斗巧眉心翠黛浓。""小鬟新样斗奇绝，学绾同心结。翠织香穿呈娇劣。巧堆叠，锦筐

图3-27 明·佚名《冬景货郎图轴》局部（故宫博物院藏）

图3-28 明·佚名《斗鸡图轴》（故宫博物院藏）

露湿琼梳月。"乔吉的另一首散曲描写了女子早妆梳理发髻、使用蔷薇水、涂胭脂和画眉的情景:"绀云分翠拢香丝,玉线界宫鸦翅。露冷蔷薇晓初试。淡匀脂,金篦腻点兰烟纸。含娇意思,媵人须是,亲手画眉儿。"梳理的发型为"宫鸦翅",明代刘涣《青楼怨》诗里则有"金翅髻":"十八梳成金翅髻,青虫簪滑鸦背腻。歌声绕梁揭尘起,细簧咽秋风雏语。"

明代妇女流行"一窝丝杭州攒"、"桃尖顶髻"、"鹅胆心髻"等发式。一窝丝是把头发作圆形盘在头上,或再用一个丝网网住,叫做"攒",再加特髻等,如图3-28左下歌妓的发髻。《金瓶梅词话》五十九回:"郑爱月儿出来,不戴鬏髻,头上挽着一窝丝,杭州攒梳的,黑鬖鬖,光油油的,乌云霞着四髻,云鬓堆纵,犹若轻烟密雾,都用飞金巧贴,带着翠梅花钿儿,周围金累丝簪儿齐插后髻。"

明代范濂《云间据目抄》卷二记载:"妇人头髻,在隆庆初年,皆尚圆扁,顶用宝花,谓之'桃心'。两边用捧鬓,后用满冠,用倒插,两耳用宝嵌大环。年少者用头箍,缀以团花方块。……自后翻出'桃尖顶髻'、'鹅胆心髻',渐见长圆,并去前饰,皆尚雅装。梳头如男人,直罗,不用分发。蝶鬓髻皆后垂,又名堕马髻。旁插金玉梅花一二对。前用金绞丝灯笼簪,两边西番莲俏簪,插两三对。发股中用犀玉大簪,横贯一二只,后用点翠卷荷一朵,旁加翠花一朵,大如手掌,装缀明珠数颗,谓之鬓边花,插两鬓边,又谓之飘枝花。……包头,不问老幼,皆用。万历十年前,暑天尤尚骔头箍,今皆易纱包头。春秋用熟湖罗,初尚阔,今又渐窄。自吴卖婆出白昼与壮夫恣淫,后以包头不能束发,内加细黑骔网巾。"(图3-29至图3-31)

明末清初叶梦珠所撰《阅世编》记载的"包头"和范濂

图 3-29 明·山西洪洞水神庙壁画　　图 3-30 明·佚名　　　　　图 3-31 清·陈字《仕女屏·山
　　　　　　　　　　　　　　　《夏景货郎图轴》局部　　　阳弄笛图》局部
　　　　　　　　　　　　　　　（故宫博物院藏）　　　　　（清华大学美术学院藏）

所述稍有差异，明朝冬天用乌绫，夏用乌纱，每幅宽约二寸，
很长。明末时全幅斜褶宽三寸多，裹在额头，多余的垂在脑
后，两脚向前作方结，不将多余的裁剪。老年妇女还要加锦帕，
或白花青绫帕单裹缠头，称为少年装。到了崇祯时期，包头
样式变窄，只为原来一半宽，"即其半复分为二幅，幅方尺许，
斜褶寸余阔，一施于内，一加于外，外者稍狭一、二分，而
别装方结于外幅之正面，缠头之制一变。今裁幅愈小，褶愈薄，
体亦愈短，仅施面前两鬓，皆虚以线暗续于鬓内而属后结之，
但存其意而已。或用黑线结成花朵，于乌绫之上，裁剪如式，
内施硬衬亦佳，至有上用红锦一线为缘，而下垂于两眉之间
者，似反觉俗"。

　　明末清初的董含所著《三冈识略》卷十说："余为诸生时，
见妇人梳发，高三寸许，号为'新样'。年来渐高至六七寸，
蓬松光润，谓之'牡丹头'，皆用假发衬垫，其重至不可举首。
又仕宦家或辫发螺髻，珠宝错落，貂皮抹额，闺阁风流，不

图 3-32 清·顾洛《小青小影图》局部
（无锡市博物馆藏）

图 3-33 清·改琦《仕女册·美人香草图》
局部（广东省博物馆藏）

堪寓目，而彼自以为逢时之制也。"明末至清初的牡丹头非常高大，重得难以抬头（图3-32）。

《阅世编》记载了明代末年至清代初年的发髻样式和变化："崇祯之间，始为松鬓扁髻，发际高卷，虚朗可数，临风栩栩，以为雅丽。顺治初，见满装妇女，辫发于额前中分向后，缠头如汉装包头之制，而加饰于上，京师效之，外省则未也。然高卷之发，变而圆如覆盂，蝉鬓轻盈，后施缎尾，较美于昔年。束发直上指，前高逾尺，数髻掩颧，数载之前，始见于延陵，时以为异，今及于吾乡，遍地皆然矣。"同样也记录了高达一尺的发髻。

清代初年的汉族女子发型发饰主要是沿袭明代式样。有用纱裹发的（图3-33），也有较为低矮蓬松的发式，一般发髻上有网兜固定（图3-34）。当时流行有牡丹头、钵盂头、荷花头，用假发和真发编成。《坚瓠集·壬集》卷二有："巧将时服斗新装，一任裁缝索价昂。可惜月华裙制就，空教摺叠贮衣箱。""高头争刷牡丹奇，粘腻穷搜草木脂。"记载了当时要做出很高的牡丹头，需要用各种粘性物质塑形。图3-35显示一般人家的女子发式也比较高大。《清稗类钞·服饰类》中"湘潭妇女之服饰"条记载："咸丰时，东南盛为拖后髻，曰苏州罢，盖服妖也。"《清稗类钞·服饰类》还

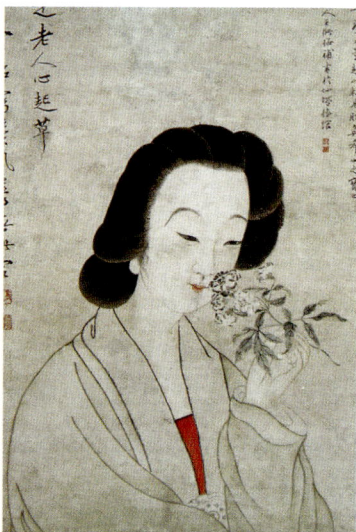

图 3-34 清·改琦《惜花图》局部
（无锡市博物馆藏）

图 3-35 清·徐扬《端午故事图册·裹角黍》
（故宫博物院藏）

记载了清代广东三地的女子发式和妆容：潮州女子"髻发如蜻，薄蝉簇鬓"；嘉应州女子"垂发挽髻，蝶翅双鬟，绰约如懒装佳人"；广州女子"修髻膏发，肤脂凝雪，曲眉脂唇"。中原地区的流行发式，也影响了少数民族。康涛所绘《三娘子图》表现的是明代的蒙古部落首领之夫人，发式却作清人打扮（图 3-36）。

　　曾国藩的女儿曾纪芬撰写的《崇德老人自订年谱》记述了一些晚清至民国时期关于发式的故事，年谱中还附有几张发髻样式的草图。曾纪芬幼时头上常生虱，所以留发很晚，十一岁才开始留发。因年幼头发少，要依靠丁婆为她梳头。同治二年，曾纪芬十二岁时刚刚开始流行抓髻，要以铁丝为架，将头发绕在上边。曾纪芬听说了就刻意仿制，将架子做得比较大，曾国藩见到了就开玩笑说："应该叫木匠来改大门框。"曾国藩平日对儿女极严肃，但是偶尔也幽默一下。

图 3-36 清·康涛《三娘子图》局部
（首都博物馆藏）

《崇德老人自订年谱》还记咸丰同治年间："妇人之髻多盘于脑后，而为长形，略似今北方乡妇之髻，中须衬以硬胎，其约发处饰以红丝，固以扁簪。"除了长髻，还有类似元宝头的一种发髻，"余七八岁所见吾乡间所梳者，名牛角篡，或云是宝庆之时妆，或用木削成，加黑漆发盘于内，其角尖高出于头顶，有三四寸，而燕尾拖于颈间（燕尾以马尾为之），今思其状实堪作恶也。吾近乡间所见则均略矮，不过二寸上下，亦不甚尖，与元宝头相仿，亦是假的"。当时元宝头也很流行，"其后外间髻式流行者曰元宝头，曰扬州桂花头，曰平三套，皆有燕尾，要之皆矫揉造作不任自然。此皆同治以前事。光绪中，则通行所谓巴巴头，挽发两三匝，而髻心隆起，三簪并列，不劳衬托矣"。"至于闺女则梳鬅髻，或偏或双，或额覆短发，谓之刘海。及至光绪庚子以后，则无长幼皆留额发，且衔以小梳，使之鬅髻隆起。革命事起，年少妇女亦皆捐其故髻，或盘作蛇形，或仿日本，风起云涌，目迷五色矣。直至民国三年以后，始稍复故，初则为胡蝶髻，继则为菊心髻、盘辫髻、鲍鱼髻、S髻、横S髻，而最近则为扇子髻，皆梳于脑后。民国十五六年以后，剪发之风盛行，余家少女新妇皆陆续剪为秃鬈，则益为当日所不能逆料矣。"

清末有了染发技术，从外观上延缓了人的衰老。德龄公主的《御香缥缈录》描写了慈禧太后如何染发："在伊的梳妆台的某一具抽屉内，藏有几缸颜色深黑，而且瞧上去仿佛是极富胶质的东西。太后便随手取出了一缸来，待那理发匠把伊的长发松解下来，并很小心地轻轻篦过一番之后，伊自己便取起一柄不很大的毛刷来，打那缸里蘸了些黑色的东西，涂上发去。这东西的确能使伊头上的一部分灰发变为黑发，然而伊的头皮却也连带的被染黑了。我瞧伊用尽方法极小心地刷着，希望只把头发染黑，不要玷污头皮，委实是非常可怜，但结果仍然是一起染黑了。我瞧伊差不多就要大怒起来了，可是这个不可避免的结果，伊已足足经验了一二十年了，因此伊终于还能竭力忍耐，把这一股无名火消为乌有。自从伊的头发开始一根根的变成灰白色以来，这许多年中间，伊的头皮可说未曾白过，老是给那发膏染黑着，绝无挽救之策。"

第三节　高髻云鬟宫样妆

唐代刘禹锡被贬到苏州做刺史，有一次，李绅邀请刘禹锡喝酒，请了几名歌女助兴，刘禹锡借着酒兴，赋诗一首："高髻云鬟宫样妆，春风一曲杜韦娘。司空见惯浑闲事，断尽苏州刺史肠。"说李绅对歌女助酒的事已经非常习惯浑不当回事，但自己却感慨良多。诗中提到的高髻云鬟指高大的发髻，因为与宫中的发型相似，所以称为宫样妆。这种大型发髻大多是假髻。

安史之乱，唐玄宗一行逃到马嵬驿，禁军将领陈玄礼兵变。玄宗不得已，缢死了杨贵妃。《新唐书·五行志》载杨贵妃"常以假鬓为首饰，而好服黄裙。近服妖也"。所谓"服妖"既指奇装异服，还暗示了一些不良的政治或社会事件，比如时人所说杨贵妃的"服妖"——"义髻抛河里，黄裙逐水流"，就是马嵬坡之变的写照。

杨贵妃喜戴义髻、穿黄裙，时人便以此指代杨贵妃。用服饰指代人事是常用的修辞手法。《诗经·秦风·无衣》写道："岂曰无衣，与子同袍。……岂曰无衣，与子同泽。"穿同样的衣表示志同道合者，便有了"同袍同泽"的成语。《红楼梦》第七十七回，晴雯将贴身穿着的一件旧红绫袄脱下，和贾宝玉的袄儿换了，贴身穿上，这便是用衣服表示两人的心迹。这些例子说明服饰在古代文化里是相当重要的物件。

义髻就是假发，先秦时期称假发为"髢"、"髲"或者"被锡"。《诗经·鄘风·君子偕老》："鬒发如云，不屑髢也。"意思是黑发如云，美则美矣，自然不需再饰以假发。《说文解字注》"髲"："自谓发髯，不假益发为髲。"自己认为头发稠密不需要取假发作为发髲。益发的意思就是使用假发。《礼记·曲礼》："敛发毋髢。"注释："髢，益发也。"意思是说要将头发约束好，收拾干净，不要像有多余的假发垂着。《仪礼·少牢馈食礼》："主妇被锡。"注曰："被锡，读为髲鬄。古者或剔贱者、刑者之发，以被妇人之纷为饰，因名髲鬄焉。"

义髻假鬓，也有写作"假结"、"假介"的。假髻一般有两类：一种是在自己头发上增加假发梳成的发髻。清代王念孙《广雅疏证》卷七下有："假髻谓之髲。副与编、次，皆取他人之发合己发以为结，则皆是假结也。"《长沙马王堆一号墓发掘报告》记录了墓主人辛追夫人的假发："真发下半部缀连假发，作盘髻式。发髻上插梳形笄三枝，分别为玳瑁质、角质和竹质。"另一种是框架做成发髻的外形，框架有金属丝或竹质，外面裱上黑色缯帛，或涂上黑漆，使用的时候套在头上就可以了，如同帽子一般。

早在周代便有使用假发的，《左传·哀公十七年》记载，卫庄公在城墙上，看到己氏的妻子头发很美，就让她把头发剪下，用来为自己的老婆吕姜做假发。汉代戴假发者限于宫廷贵妇。魏晋时期不论贵贱都戴假发，当时假发可以买卖，价格很高。《晋书·陶侃传》记载，陶侃（陶渊明的曾祖父）志高但是家贫。他的同郡范逵被荐为孝廉，一次到他家作客。当时寒冬，冰天雪地，屋内十分寒冷，陶侃没有什么可以招待范逵的，可是范逵车马仆从很多。陶母对陶侃说："你先出外留客。"随后，她在内室将自己的长发剪下，制成两个假发，拿到市场上卖掉，换米带回家，又将家中的每根柱子削了一半做柴火，为客人做了饭。并把家里的草垫子剁碎了作为草料喂马。范逵十分感动地说："只有这样的母亲才能生出这样贤明的儿子啊！"第二天，范逵离开时，陶侃送行送出去很远很远。范逵到洛阳后，说了陶侃很多好话，让陶侃有了很好的名声。另外一个卖发的故事发生在北齐建元初年，《南齐书》卷三七记刘彪对异母杨氏不孝，杨氏死后，他又不给安葬，一个女子大义相助，出家为尼，剪下自己的头发卖得五百钱买棺，安葬了杨氏。《晋书·五行志上》记载："太元中，公主妇女必缓鬓倾髻，以为盛饰。用髪既多，不可恒戴，乃先于木及笼上装之，名曰假髻，或名假头。至于贫家，不能自办，自号无头，就人借头。遂布天下，亦服妖也。无几时，孝武晏驾而天下骚动，刑戮无数，多丧其元。至于大殓，皆刻木及蜡或缚菰草为头，是假头之应云。"

传为顾恺之所绘《女史箴图》显示，晋代妇女的发髻已经很高，说明魏晋时期流行高发髻，十六国时期流行的十字髻稍微低了点，不需要假髻衬托。后齐时，妇女借助假发将头发梳成飞鸟状。《北齐书·帝纪·幼主纪》说："妇人皆剪剔以着假髻，而危邪之状如飞鸟，至于南面，则髻心正西，始自宫内为之，被于四远。"这种发式始自宫中，流传四方。北朝时期敦煌壁画中供养人的发髻很高。北周诗人庾信的《春赋》说："钗朵多而讶重，髻鬟高而畏风。眉将柳而争绿，面共桃而竞红。"北朝的发髻太高以至于畏风，发髻上装饰有很多簪钗、花钿，以至于非常沉重。至隋代妇女的发式相对低矮。初唐开始，发型又变得高耸，高度依靠假髻达到极限。发式随着时尚忽高忽低。

唐代妇女喜作高大发型，高髻在唐代相当流行，贵妇人几乎都需要依靠假鬓提高发型高度，并在上面作出各式发型（图3-37，图3-38）。《旧唐书·列传第二十三》记载高祖问时任秘书丞的令狐德棻说："比者，丈夫冠、妇人髻竞为高大，何也？"令狐德棻回答说："在人之身，冠为上饰，所以古人方诸君上。昔东晋之末，君弱臣强，江左士女，皆衣小而裳大。"令狐德棻认为男子的冠和女子的发髻变大是个好事，因为头部是身体最上方，最为重要，冠和髻代表了君王，头饰高大象征了当时秩序合理。元稹有诗："髻鬟峨峨高一尺，

图3-37 唐·永泰公主墓壁画

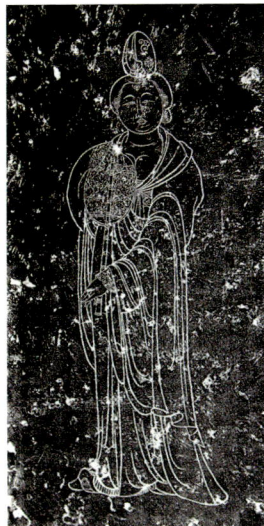

图3-38 唐·薛儆墓线刻画

门前立地看春风。"说此时女子发髻高度已达一尺了。《全唐诗》中有很多关于高髻的诗句，如岑参《敦煌太守后庭歌》"美人红妆色正鲜，侧垂高髻插金钿"，刘禹锡《赠李司空妓》"高髻云鬟宫样妆，春风一曲杜韦娘"，孟简《咏欧阳行周事》"高髻若黄鹂，危鬟如玉蝉"等等，可见高髻在当时普及的程度。寒山则对高髻有比较生动的描绘："洛阳多女儿，春日逞华丽。共折路边花，各持插高髻。髻高花匼匝，人见皆睥睨。别求醑醑怜，将归见夫婿。"描写了春天洛阳女子在路边采摘鲜花，将花插满了高高发髻的情景。

周昉《簪花仕女图》中的妇女皆有假髻，发髻高大浑圆。敦煌壁画中的女性形象，从初唐到晚唐都可见到高髻。唐朝的高髻各有形状，初唐的发型不对称高耸，盛唐时期的高大饱满，中唐至晚唐则呈扇面状打开。

《妆台记》有："炀帝令宫人梳迎唐八鬟髻。插翡翠钗子作日妆，又令梳翻荷髻，作啼妆；作愁髻，作红妆。唐武德中，宫中梳半翻髻，反绾髻、乐游髻，即水精殿名也。开元中，梳双鬟、望仙髻、回鹘髻。贵妃作愁来髻。贞元中，梳归顺髻，帖五色花子，又有闹扫妆髻。"虽然现在不大清楚各种发髻的名称对应什么样的发髻，但从当时的绘画资料看，这些发髻多是高大发髻，如望仙髻、回鹘髻、愁来髻等盛唐时期的发髻，必是使用假髻为衬的高髻。

在唐代的笔记小说里，提到美女也大多高髻广袖。对于唐代人来说，古代美女或仙女就该是高髻广袖的造型。如唐代《宣室志·补遗》描写："（谢翱）伫立久之，见一骑自西驰来，绣缯仿佛，近乃双鬟，高髻靓妆，色甚姝丽。"高髻成为一种传统，提到传说中的异域女子时，唐人还用危髻来形容高大发髻。苏鹗《杜阳杂编》卷下说到女蛮国："大中初，……其国人危髻金冠，璎珞被体，故谓之菩萨蛮。"

图3-39 清·孝贞显皇后像
（故宫博物院藏）

图3-40 清·佚名《孝钦皇后弈棋图》
局部（故宫博物院藏）

宋代吴自牧《梦粱录》卷二十《嫁娶》："自聘送之后，节序不送，择礼成吉日，再行导日，礼报女氏，亲迎日分。先三日，男家送催妆花髻、销金盖头。"宋代的催妆花髻也是一种假髻，如帽子直接戴在头上即可。

明清时期的妇女也多用假髻。李斗《扬州画舫录·小秦淮录》记："扬州鬏勒，异于他地，有蝴蝶、望月、花蓝、折项、罗汉鬏、懒梳头、双飞燕、到枕松、八面观音诸义髻，及貂覆额、渔婆勒子诸式。"

满族妇女的典型发式是两把头、架子头和大拉翅（图3-39至图3-42）。最早的两把头以真发梳成，是先将头发束于头顶，以一支长扁的发簪为基座，分成两绺向左右缠梳。两股头发在头顶梳成横向发髻后，用另一簪子横向插入固定，脑后的余发梳成燕尾形扁髻。清代小说《儿女英雄传》第二十回描写了安太太两把头的造型："头上梳着短短的两把头儿，扎着大壮的猩红头把儿，别着一枝大如意头的扁方儿，一对三道线儿玉簪棒儿，一枝一丈青的小耳挖子，却不插在头顶上，倒掖在头把儿后边。左边翠花上关着一路三根大宝石抱针钉儿，还戴着一枝方天戟，拴着八颗大东珠的大腰节坠角儿的小挑，右边一排三枝刮绫刷蜡的蠱枝儿兰枝花儿。年纪虽近五旬，看去也不过四十光景，依然的乌鬓黛眉，点脂敷粉。"满族贵族妇女还用铁丝做成框架，将头发盘于架上，称为"架子头"、"一字头"、"把儿头"、"叉子头"。

图 3-41 清·文绣像

图 3-42 清·拈花仕女

清代得硕亭作《草珠一串》，收录于《清代北京竹枝词》，其中有："头名架子甚荒唐，脑后双垂一尺长。"后注："近时妇女，以双架插发际挽发，如双角形，曰架子头。"架子头最大的好处就是方便，许多首饰放在头上，卸妆时只要拿下架子就行了。清中期以后，满族贵妇流行"大拉翅"。"大拉翅"又称为大京样、大翻车、答喇赤、旗头板等。大拉翅用铁丝做架，多层粘合布做胎，表面包裹黑色缎子或绒布，呈扇面状，高一尺左右，底部是头围大小的圆箍。大拉翅的表面多插绢花、簪、钗等装饰，侧面还可悬挂流苏。大拉翅一般加戴在二把头之上，使用的时候用扁簪固定在头上，不用时可取下。大拉翅因用于宫廷妇女，被称为"宫装"，汉人称其为"旗头"。

　　头顶这么高大的发式，想必不会觉得舒服，美再次战胜理性。十八世纪的欧洲也流行高大发髻，可以说是大到极点，欧洲的贵妇将头发做成各种高大形状，甚至还有战舰造型，据说高达一米。因为制作这样的发型非常不易，头发当然不能常洗，此时期的欧洲女性的头上发出难闻气味，包括生虱子就不奇怪了。看来对高髻的喜爱不独是中国人。

高髻的流行一般有几种状况：

首先是上行下效，如汉代《城中谣》说："城中好高髻，四方高一尺。城中好广眉，四方且半额。城中好大袖，四方全匹帛。"上层贵族喜好高髻、粗眉、大袖衣，那就到处都流行了。

其次，经济发展也会推动发髻等服饰向极端发展。唐代笔记《朝野佥载》卷三记载："睿宗先天二年正月十五、十六夜……宫女千数，衣罗绮，曳锦绣，耀珠翠，施香粉。一花冠、一巾帔皆万钱，装束一妓女皆至三百贯。妙简长安、万年少女妇千余人，衣服、花钗、媚子亦称是，于灯轮下踏歌三日夜，欢乐之极，未始有之。"睿宗朝已近盛唐开端，从对元宵节的描写可知当时的奢侈状况。出土的墓室壁画中可见此时女子发型高大饱满。

第三，民间流行。流行经常很难理性分析，后来者往往疑问那么夸张怪诞的服饰是如何流行起来的。唐代曾经流行"时世妆"，也就是今天所说的时装，其特征之一即高髻险妆。古人用词很妙，怪诞到眼睛都受不了的妆容，唐人称为"险妆"。元稹《叙诗寄乐天书》中说："近世妇人，晕淡眉目，绾约头鬓，衣服修广之度及匹配色泽，尤剧怪艳。"

服饰在古代是个大事，关系到阶级秩序和礼仪问题。当服饰出现极端化的时候，皇帝往往会出面干预。通常皇帝会发布禁侈诏令，限制对服饰的使用，主要功能在于表明皇帝对于节俭的重视和对品级秩序的维护。这些诏令的内容通常都是禁止某些人使用高级别的面料、首饰和色彩，或者命令将一些贵重服饰销毁，表示皇帝推行简朴生活方式的决心。偶尔也会在诏令中发现对妆容细节的干预。如《册府元龟》卷六一记述唐文宗禁侈诏，特别提到："妇人高髻险妆、去眉开额，甚乖风俗，颇坏常仪，费用金银，过为首饰，并请禁断。其妆梳、钗、篦等，伏请勒依贞元中旧制……"这种干预往往不会太成功，民间依然是高髻险妆流行。

　　服饰的发展似乎遵循着这么一条规律，经过一个时期的简单装饰后，往往会把这种服饰发展到极繁琐的地步，然后又回归理性。这种规律往往又呈现出复杂性，如同上述的高大发髻一样，当社会经历较长时间的稳定期和富裕期，人的自我装饰欲望会明显膨胀，会不顾生理的需要，向着怪诞的方向发展，无论是服饰数量、颜色、尺寸等，都会向着人体的极限冲刺。这种趋势往往会在社会动荡甚至上层的干预中停止，然后酝酿下一轮时尚。

四 >>　　　眉谣

　　眉目传情，眉眼和言语一样能传递信息，蛾眉还是古代女子的代称，因此在眉上作文章是有理由的。眉只是眼上两道，却能被赋予那么多形式。五代时就有了开元御爱眉、小山眉、五岳眉、三峰眉、垂珠眉、月棱眉、却月眉、分梢眉、涵烟眉、拂云眉、横烟眉、倒晕眉等样式。还有女性因眉美而著名，如庄姜、卓文君、张敞妇和吴绛仙等，是名副其实的"美眉"。唐代的眉从细到粗，又从粗到细，从浅到浓，又从浓到浅，时尚变化，成为时世妆的一部分，所以唐代朱庆馀的诗中便有"画眉深浅入时无"之问。

第一节　张敞画眉

　　《汉书》卷七六记载张敞为夫人画眉的事迹："（敞）又为妇画眉，长安中传张京兆眉怃。有司以奏敞。上问之，对曰：'臣闻闺房之内，夫妇之私，有过于画眉者。'上爱其能，弗备责也。然终不得大位。"张敞在汉宣帝时任京兆尹，管理京城地区的治安，对治理盗贼很有办法。史书对其评价很高，称其："为人敏疾，赏罚分明，见恶辄取，时时越法纵舍，有足大者。"这么一个能人，因为替妻子画眉毛，被有关部门告到皇帝那里。皇帝找他来问，张敞回答使众人心知腹明，难再诟言。汉宣帝因为赏识张敞的才能，也没过多责备他。但是因为这事，张敞一直没得到升迁。丈夫替妻子画眉的事迹能记入正史，二十四史也就此一例。所以后世凡说画眉的事，总要扯到张敞。

隋炀帝出巡时，坐豪华龙舟，萧妃乘凤舸。据传唐代颜师古撰《隋遗录》卷上记载："每舟择妙丽长白女子千人，执雕板镂金楫，号为殿脚女。"一天，隋炀帝登上萧妃所乘的凤舸，扶着殿脚女吴绛仙的肩膀，喜欢其柔丽。吴绛仙看起来和其他女子颇不一样，炀帝越看越喜欢，久不移步。吴绛仙善于画长蛾眉。隋炀帝回辇后，召绛仙，欲赐婕好。正逢绛仙下嫁为玉工万郡妻，所以没有成功。隋炀帝临幸以后，将绛仙提为龙舟首楫，号称"崆峒夫人"。于是殿脚女争相画长蛾眉。司宫吏每天供给螺子黛五斛，称为"蛾绿螺子"。据说，黛出波斯国，每颗价值十金。后来因为供给数量不够，就混合铜黛给宫女使用。只有吴绛仙可以一直得到赏赐的螺黛。隋炀帝每次倚帘看绛仙，目光常盯着不移动，和内谒者说："古人言'秀色若可食'。如绛仙，真可疗饥矣。"图 4-1 是明代人所绘的吴绛仙。

另外一个和画眉有关的名人是唐玄宗，历代的野史笔记常将风花雪月的事和这位风流天子联系上。传说唐玄宗不但替杨贵妃画眉，还让画工设计了十种眉形供杨贵妃参考。传唐代张泌《妆楼记》有："明皇幸蜀，令画工作十眉图，横云、斜月皆其名。"《妆台记》载："五代宫中画眉，一曰开元御爱眉，二曰小山眉，三曰五岳眉，四曰三峰眉，五曰垂珠眉，六曰

图4-1 明·佚名《千秋绝艳图卷·绛仙》局部
（中国历史博物馆藏）

月棱眉，又名却月眉，七曰分稍眉，八曰涵烟眉，九曰拂云眉，
又名横烟眉，十曰倒晕眉。东坡诗：成都画手开十眉，横烟
却月争新奇。"宋代陶毂《清异录》也记载了其中的几种眉式，
五代宫中画眉依旧沿用玄宗时期的眉形，其中的"小山眉"
直到宋初还在流行。

明末清初徐士俊作《十眉谣》，将十种眉式作了注解，十种眉式和《妆台记》所记略有出入。第一种眉式为鸳鸯眉："鸳鸯飞，荡涟漪；鸳鸯集，戢左翼。年几二八尚无良，愁杀阿侬眉际两鸳鸯。"第二种为小山眉："春山虽小，能起云头；双眉如许，能载闲愁。山若欲雨，眉亦应语。"第三种是五岳眉："群峰参差，五岳君之；秋水之纹波，不为高山之峨峨。岳之图可取负，彼眉之长莫频蹙。"第四种是三峰眉："海上望三山，缥缈生烟采。移作对面观，光华照银海。银海竭，三峰灭。"第五种是垂珠眉："六斛珠，买瑶姬。更加一斛余，买此双蛾眉。借问蛾眉谁与并，犹能照君前后十二乘。"第六种是月棱眉："不看眉，只看月。月宫斧痕修后缺，才向美人眉上列。"第七种是分梢眉："画山须画双髻峰，画树须画双丫丛，画眉须画双剪峰。双剪峰，何可拟。前梅梢，后燕尾。"第八种是烟涵眉："眉吾语汝，汝作烟涵，侬作烟视。回身见郎旋下帘，郎欲抱侬若烟然。"第九种是拂云眉："梦游高唐观，云气正当眉，晓风吹不断。"第十种是倒晕眉："黄者檀，绿者蛾，晓霞一片当心窝。对镜缩约覆纤罗，问郎晕澹宜倒么。"徐士俊将各种眉式赋予了更多浪漫气息。

徐士俊将古代因眉而出名的美人列举了一下，有庄姜、卓文君、张敞妇和吴绛仙。

图4-2 明·佚名《千秋绝艳图卷·卓文君》局部（中国历史博物馆藏）

图4-3 清·张淇《仕女图》（无锡市博物馆藏）

"庄姜螓首蛾眉；文君眉如远山；张敞为妇画眉；绛仙特赐螺黛。"庄姜是春秋时期的齐国公主，后成为卫庄公的夫人。据说《诗经·卫风·硕人》中的"手如柔荑，肤如凝脂，领如蝤蛴，齿如瓠犀，螓首蛾眉，巧笑倩兮，美目盼兮"，就是描写的庄姜。卓文君是汉代著名文人司马相如之妻，汉代才女，她和司马相如的爱情故事成为自由恋爱的经典。传说卓文君留下"愿得一心人，白头不相离"的名句。卓文君美貌，并因"眉如远山"而闻名。《西京杂记》卷二有："文君姣好，眉色如望远山，脸际常若芙蓉，肌肤柔滑如脂。"图 4-2 是明代人所绘的卓文君，图 4-3《仕女图》的眉式和图 4-2 一样，都是淡雅弯曲的小山眉。清代大多数时候都流行这种眉式（图 4-4，图 4-5）。

清代李渔在《闲情偶记·声容部》中对眉眼作了一番讨论。如"眉之秀与不秀，亦复关系情性，当与眼目同视。然

图 4-4 清·费丹旭《罗浮梦景图》局部（无锡市博物馆藏）

图 4-5 清·费丹旭《月下吹箫图》局部（清华大学美术学院藏）

眉眼二物，其势往往相因。眼细者眉必长，眉粗者眼必巨，此大较也，然亦有不尽相合者。如长短粗细之间，……张京兆工于画眉，则其夫人之双黛，必非浓淡得宜，无可润泽者。短者可长，则妙在用增；粗者可细，则妙在用减。但有必不可少之一字，而人多忽视之者，其名曰'曲'。必有天然之曲，而后人力可施其巧。"明清时期的女子都喜用细长的弯眉，李渔也认为"眉若远山"、"眉如新月"这种弯曲的细眉好看，认为"能酷肖远山，尽如新月，亦须稍带月形，略存山意，或弯其上而不弯其下，或细其外而不细其中，皆可自施人力"。那种平直的眉毛和八字眉很不好看。"俨然倒书八字。变远山为近瀑，反新月为长虹，虽有善画之张郎，亦将畏难而却走。"如果是那种眉毛就算是善于画眉的张敞在，也会望而却笔。

李渔所说的眉与性情相关的论断在《红楼梦》中有生动的例子，如第三回："宝玉早已看见多了一个姊妹，便料定是林姑妈之女，忙来作揖。厮见毕归坐，细看形容，与众各别：两弯似蹙非蹙罥烟眉，一双似泣非泣含露目。"王熙凤则是："一双丹凤三角眼，两弯柳叶吊梢眉，身量苗条，体格风骚。粉面含春威不露，丹唇未启笑先闻。"林黛玉是"罥烟眉"，暗示其不落凡尘的个性。王熙凤的"柳叶吊梢眉"说明了她的精练与狠毒。

第二节　画眉深浅入时无

欧阳修有一首词《南歌子》生动描写了夫妻之间的调笑："凤髻金泥带，龙纹玉掌梳。走来窗下笑相扶。爱道画眉深浅、入时无。弄笔偎人久，描花试手初。等闲妨了绣功夫。笑问双鸳鸯字、怎生书。"夫人头上装扮凤髻金丝带，手持龙纹梳，走到窗下笑着搂扶丈夫问，我这眉式画得是否深浅合宜？手里拿笔靠着丈夫，初次试着描绘刺绣样稿，不知不觉已经耽搁良久，还笑着问："鸳鸯这两个字怎么写呀？"

"画眉入时"说明了眉式和服饰一样，有流行也有过时。不同时期流行的眉式颇不相同，眼睛上面这方寸之地对于妆容相当重要，眉式有长短、粗细和颜色变化。一个朝代还同时流行多种眉式。如《妆台记》记载了各时期的不同眉妆：后周静帝令宫人画眉墨妆。汉武帝令宫人作八字眉。隋炀帝给宫人螺黛作翠眉。魏武帝令宫人画青黛眉、连头眉。一画连心甚长，人谓之仙蛾妆。齐梁间多效之。唐贞元中，又令宫人青黛画蛾眉。魏宫人画长眉。

战国时期的眉尚细长，也就是如蛾触角细长而弯的形状，所以称为蛾眉，也写作"娥眉"。如《诗经》中的"螓首蛾眉"。后来的文学作品写到美人，多称其眉为蛾眉，或者直接称美人为蛾眉。如屈原《离骚》："众女嫉余之蛾眉兮，谣诼谓余以善淫。"李白《怨情》："美人卷珠帘，深坐颦蛾眉。但见泪痕湿，不知心恨谁。"白居易《长恨歌》："六军不发无奈何，宛转蛾眉马前死。"张祜《集灵台·其二》："虢国夫人承主恩，平明上马入宫门。却嫌脂粉污颜色，淡扫蛾眉朝至尊。"温庭筠《菩萨蛮》："懒起画娥眉，弄妆梳洗迟。"辛弃疾《摸鱼儿》："长门事，准拟佳期又误。蛾眉曾有人妒。千金纵买相如赋，脉脉此情谁诉。"

流行时间最长的，当为山形眉，即如远山山脊一般的平缓曲线，从汉代的卓文君开始断断续续流行，直到清代还是时尚。《赵飞燕外传》有："赵飞燕妹合德，为薄眉，号'远山黛'。"宋代晏几道《菩萨蛮》："弹到断肠时，春山眉黛低。"

《后汉书》卷三四记载了东汉权臣梁冀的妻子孙寿画八字眉。梁冀毒杀了称他为跋扈将军的质帝，这么一个凶恶的

图4-6 明·唐寅《秋风纨扇图》局部
（上海博物馆藏）

图4-7 清·陈字《仕女屏·呿笔绮思图》局部
（清华大学美术学院藏）

人却非常惧内。孙寿被封为襄城君，兼食阳翟租，年收入
五千万，加赐赤绂，待遇几乎与长公主一样。"寿色美而善
为妖态，作愁眉，啼妆，堕马髻，折腰步，龋齿笑，以为媚惑。"
八字眉在魏晋南北朝时期还流行，八字眉又名愁眉、啼眉。
白居易诗《时世妆》诗有"双眉画作八字低"之句，《代书
诗一百韵寄微之》诗有"时世斗啼眉"。晚唐时期也流行八
字眉。明清仕女画也有作愁眉状的（图4-6至图4-9）。

长形眉是一直流行的眉形之一。如南朝丘迟《答徐侍中
为人赠妇》诗有："长眉横玉脸，皓腕卷轻纱。"唐代李商隐《无
题》诗有："八岁偷照镜，长眉已能画。"韦庄《女冠子》诗有：
"依旧桃花面，频低柳叶眉。"白居易《上阳白发人》诗中说
天宝末年时世妆："小头鞋履窄衣裳，青黛点眉眉细长。"唐

图 4-8 明·陈洪绶《红叶题诗图》局部

图 4-9 清·喻兰《仕女清娱图册》局部
（故宫博物院藏）

代秦韬玉《贫女》诗说："敢将十指夸纤巧，不把双眉斗画长。"穷人家的女孩子忙于生计，不能如富贵人家追逐时尚。

最夸张的是《清异录·卷下》所记的唐代的莹姐："平康妓也，玉净花明，尤善梳掠，画眉日作一样。唐斯立戏之曰：'西蜀有十眉图，汝眉癖若是，可作百眉图，更假岁年，当率同志为《修眉》史矣。'"莹姐每天画一种眉，人说西蜀有十眉图，换莹姐可作百眉图，用上一年的时间便可编写一本眉史了。

从唐代留下的绘画上还可看到丰富的眉式。细细的蛾眉，长长的柳眉，以及如蛾翅一般的粗眉，各有千秋（图 4-10 至图 4-12）。初唐时的眉还流行细长，开元初年眉形逐渐变粗，至盛唐则如《簪花仕女图》中的蛾翅形粗眉。唐末韦庄

图 4-10 唐·阎立本（传）《步辇图》局部
（故宫博物院藏）

图 4-11 唐·新城长公主墓壁画

图 4-12 唐·周昉《簪花仕女图》局部
（辽宁省博物馆藏）

图 4-13 五代·顾闳中《韩熙载夜宴图》局部
（故宫博物院藏）

《木兰花》词有："独上小楼春欲暮，愁望玉关芳草路。消息断，不逢人，却敛细眉归绣户。"唐末的眉式回归为两头尖的细柳叶眉，五代延续了这种眉形。（图 4-13）

宋代的眉形细长而淡雅，欧阳修《好女儿令》词有："眼细眉长。宫样梳妆。靸鞋儿走向花下立着。一身绣出，两同心字，浅浅金黄。"《南乡子》词有："浅浅画双眉。取次梳妆也便宜。洒着胭脂红扑面，须知。更有何人得似伊。"宫样梳妆经常会传到民间，然后流传开来，如汉代《城中谣》所说的："城中好广眉，四方且半额。"《西厢记》第一本第一折也有宫妆描写："则见他宫样眉儿新月偃，斜侵入鬓边。"明清时期，新月形的弯眉也很流行（图 4-14 至图 4-16）。元代则有一字形眉（图 4-17）。

历代眉毛颜色多为青黑色，也就是黛色。黛所指代的颜色不十分明确，通常从青到黑之间的颜色都可以称为黛。深青色也会被称为"翠"，如宋玉《登徒子好色赋》中写东家之子"眉如翠羽"。早期人类在身体上绘制的黑色多来自炭灰，这是最容易得到的黑色。后来有了石墨画眉，称为石黛。汉代刘熙著《释名》有："黛，代也。灭去眉毛，以此代其处也。"南朝徐陵《玉台新咏序》："南都石黛，最发双蛾。北地燕脂，偏开两靥。"唐代刘长卿

图 4-14 明·《六幻西厢》

图 4-15 清·姜壎《李清照小像》局部
（无锡市博物馆藏）

《扬州雨中张十宅观妓》诗："残妆添石黛，艳舞落金钿。"杜
甫《阆水歌》："嘉陵江色何所似，石黛碧玉相因依。"宋代王
安石《谁将》诗有："谁将石黛染春潮，复拈黄金作柳条。"《西
厢记》第二本第一折："近知先相国崔珏之女莺莺，眉黛青颦，
莲脸生春，有倾国倾城之容，西子太真之颜，现在河中府普
救寺借居。"隋代吴绛仙使用的螺子黛应该是更不容易得到
的画眉佳品。

　　宋代，画眉有专用的画眉墨，妇女们已经很少使用石黛。
宋人笔记中有关于眉墨制法，宋代陈元靓《事林广记·癸集》
卷七记："真麻油一盏，多着灯心搓紧，将油盏置器水中焚之，
覆以小器，令烟凝上，随得扫下。预于三日前，用脑麝别浸
少油，倾入烟内调匀，黑可逾漆。一法旋剪麻油灯花，用尤佳。"
这种烟薰的画眉材料，到了宋末元初，称为"画眉集香圆"。
元代开始，宫廷女子的画眉之黛，多用京西门头沟斋堂地区
特产的眉石。元代眉石是以碳粉制成。

108

图 4-16 清·任预《春水照影图》（天津人民美术出版社藏）

图 4-17 元世祖皇后像（台北故宫博物院藏）

图 4-18 民国·杂志插图

　　民国初年汪瀚编撰《秘术海》有"美眉奇术"："友人乌君蛰庐，告予以新法，言能使妇人眉美。君云：每日晓妆时，以五十倍硼酸水（化学药名，西药房有售），反覆洗眉毫，更以刷蘸绿茶浓汁，竭力摩擦之。如是日久，则眉际自现非常美态。惟少觉痒，不可搔之，须以软刷徐擦之，痒即止。"硼酸呈弱酸性，能软化角质皮肤，具有张开毛孔的效用。并在与其他药品一起使用时提高药效。看来这个"美眉奇术"或许还是有道理的。民国时期的眉基本延续长而略弯的眉式，浓淡适宜为美。（图 4-18）

五 >> 珍珠玛瑙玉搔头

　　簪、钗、手环、花胜、翠钿、钏等今天被称为首饰，宋元明时期被称为"头面"，这些饰品对古代女性有着重要意义。古代用来装饰头发和身体的首饰品种繁多，有些我们今天已经不知道什么样，干什么用。古代首饰的材质也非常多，材质决定了首饰的档次，有金、银、铜、铁，有玉石、翡翠、玛瑙等宝石以及珊瑚等。古代宫廷对首饰的使用有各种限制，如材质、纹样、颜色、使用数量等等必须符合所处等级，从形象方面维护了封建等级制度。古代的首饰还可能是硬通货，可以当盘缠用，也可以是定情信物，用来传递情感，所以在诗词中常常可以读到那些用来传情表意的"珍珠玛瑙玉搔头"。

第一节　头面

　　宋、元、明时期，女性的成套首饰称为"头面"，头面与衣服同样重要。虽然不管什么等级的首饰都称为头面，但因为材质不同，便有了贵贱之分，有的用银头面，有的用金头面，有的用玉头面。穷人家用的虽然是铜铁，但好歹也算是有了头面。

宋代孟元老《东京梦华录》卷三："占定两廊，皆诸寺师姑卖绣作、领抹、花朵、珠翠、头面、生色销金花样幞头、帽子、特髻冠子、绦线之类。"

元曲有不少提到头面，如关汉卿所作杂剧《赵盼儿风月救风尘》第一折："一年四季，夏天我好的一觉晌睡，他替你妹子打着扇；冬天替你妹子温的铺盖儿暖了，着你妹子歇息。但你妹子那里人情去，你妹子穿那一套衣服，戴那一副头面，替你妹子提领系、整钗镮。只为他这等知重你妹子，因此上我要嫁他。""吃饭处，把匙头挑了筋共皮；出门去提领系整衣袂，戴插头面整梳篦。衙一味是虚脾，女娘每不省越着迷。"从这段话来看，头面只是金、银、玉首饰之类，不包含插在发髻上的木质梳篦。

这些作头面的金银器自是比较贵重，如遇到什么事，可以换钱救急。如关汉卿所作杂剧《包待制智斩鲁斋郎》第一折："逼的人卖了银头面，我戴着金头面；送的人典了旧宅

图 5-1 商·玉凤（河南殷墟妇好墓出土）
（中国国家博物馆藏）

院，我住着新宅院。"郑廷玉所作杂剧《包待制智勘后庭花》第一折："我见了呵，便道休要害了他。我将他两个的首饰头面都拿了，我着他将子母二人放了。"王实甫所作杂剧《吕蒙正风雪破窑记》第一折："我的言语不中听，你怎生自嫁吕蒙正。梅香，将他的衣服头面，都与我取下来，也无那茶房断送。"头面也可当盘缠用。如李行甫所作杂剧《包待制智赚灰栏记》第一折："哥哥不知，俺这衣服头面，都是马员外与姐姐的，我怎做的主好与人，除这些有甚的盘缠好赍发的你？"第三折："你这泼娼根，你早知今日，当初那衣服头面，把些儿与我做盘缠不得？"无名氏所作杂剧《逞风流王焕百花亭》第三折："解元，妾身止有这付金头面，钏镯俱全，与你做盘缠去。"

元曲里称头面往往用套或副作为数量词，一旦提到头面，往往指钏、镯、玉珮、翠钿、玉梳等全套首饰。如杨景贤《马丹阳度脱刘行首》第三折："他将那头面揪，衣服扯。则见他玉佩狼藉，翠钿零落，云髻歪斜。"贾仲明所作杂剧《荆楚臣重对玉梳记》楔子："全副头面钏镯，俱是金珠，助君之用。又有这玉梳儿一枚，是妾平日所爱之珍。掂做两半，君收一半，妾留一半。君若得第，以对玉梳为记。"无名氏所作杂剧《施仁义刘弘嫁婢》第二折："金银玉头面三副，不少么？"头面包括多种物品，种类和分量没有固定标准。女子日常生活中常用到的头面主要包括钏、钗、簪、镯、梳、耳坠等物。

一般情况下，历代妇女的首饰上所装饰的纹样和造型多为禽鸟、瑞兽、卷草或百花之类，如凤凰、牡丹等（图5-1），但是偶尔也会流行一些奇怪的造型，如《搜神记》卷七："晋惠帝元康中，妇人之饰有五兵佩。又以金、银、象角、玳瑁之属，为斧、钺、戈、戟而戴之，以当笄。男女之别，国之大节，故服食异等。今妇人而以兵器为饰，盖妖之甚者也。"妇人以兵器造型为首饰被认为是不好的兆头。这种时尚持续时间很短，而且罕见。

宋元时期被称为头面的整套首饰，在汉代就都有了。曹魏时期的繁钦有一首《定情诗》，几乎完整地描写了女子所佩的各种首饰："何以致拳拳？绾臂双金环。何以致殷勤？约指一双银。何以致区区？耳中双明珠。何以致叩叩？香囊系肘后。何以致契阔？腕绕双跳脱。何以结恩情？美玉缀罗缨。何以结中心？素缕连双针。何以结相于？金簿画搔头。何以慰别离？耳后玳瑁钗。"

诗中说的"绾臂双金环"是臂钏，也称"缠臂金"，是一种套于臂的饰物。唐诗中关于钏的句子很多，如阎朝隐《采莲女》："莲衣承玉钏，莲刺罥银钩。"徐延寿《南州行》："金钏越溪女，罗衣胡粉香。"刘禹锡《贾客词》："妻约雕金钏，女垂贯珠缨。"元稹《估客乐》："鍮石打臂钏，糯米吹项璎。归来村中卖，敲作金石声。"白居易《盐商妇》："绿鬟富去金钗多，皓腕肥来银钏窄。"牛峤《女冠子》："额黄侵腻发，臂钏透红纱。"宋代苏东坡《寒具》诗有："夜来春睡浓于酒，压褊佳人缠臂金。"南宋女词人朱淑真《恨别》："调朱弄粉总无心，瘦觉寒馀缠臂金。"和凝《山花子》词："玉腕重，金扼臂，淡梳妆。"钏类似于手镯，是单环，一般戴在小臂至手腕处。虞世南《北堂书钞》卷一三六记载钏："为环约腕"。王粲《闲居赋》云："愿为环以约腕，绾臂双金环"（图5-2）

"腕绕双跳脱"所说的"跳脱"也是套于臂的饰物。《北堂书钞》卷一三五解释"跳脱"为"臂绕"。"跳脱"也写作"条脱"，多环，呈螺旋形。"跳脱"一词应为外来音译词，所以跳脱很可能是外来物。唐诗中描写的条脱有玉和金等材质，并用丝线绕系。如李商隐《杂歌谣辞·李夫人歌》："蛮丝系

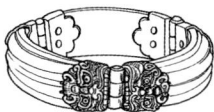

图 5-2 唐·钏（选自孙机《古舆服论丛》，文物出版社，2001）

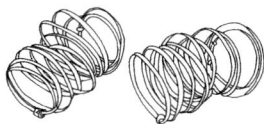

图 5-3 元·安徽安庆棋盘山出土元代跳脱（线描图）

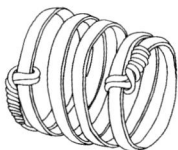

图 5-4 元·江苏苏州吴门桥墓出土跳脱（线描图）

条脱，妍眼和香屑。"李白所作残句言："举袖露条脱，招我饭胡麻。"施肩吾《定情乐》："感郎双条脱，新破八幅绡。"李商隐《中元作》："羊权须得金条脱，温峤终虚玉镜台。"陆龟蒙《奉和袭美太湖诗二十首·圣姑庙》："好赠玉条脱，堪携紫纶巾。"曹唐《萼绿华将归九疑留别许真人》："蓝丝重勒金条脱，留与人间许侍中。"牛峤《应天长》："玉楼春望晴烟灭，舞衫斜卷金条脱。"出土的跳脱几乎都是金属制，有一定弹性，便于穿戴（图 5-3，图 5-4）。

跳脱和钏在古时似乎不易区别，如宋代吴曾《能改斋漫录》卷三："唐《卢氏杂说》：文宗问宰臣'条脱是何物？'宰臣未对。上曰：'《真诰》言，安妃有金条脱为臂饰，即今钏也。'又《真诰》，萼绿华赠羊权金玉条脱各一枚。余按周处《风土记》曰：仲夏造百索系臂，又有条达等织组杂物以相赠遗。唐徐坚撰《初学记》引古诗云：'绕臂双条达。'然则'条达'之为钏必矣。第以'达'为'脱'，不知又何谓也。徐坚所引古诗乃后汉繁钦《定情篇》，云：'何以致契阔，绕

115

腕双跳脱。'但跳脱两字不同。"也就是说，古代人对于跳脱和钏并不是区分得很清楚，或许在称呼的时候跳脱和钏作为同一物。

"约指一双银"指戒指。戒指是定情物，所以唐代吴融《个人三十韵》诗说："搔头邀顾遇，约指到平生。"王氏妇《答李章武白玉指环》诗有："捻指环相思，见环重相忆。愿君永持玩，循环无终极。"常理《姜薄命》诗有："娇小恣所爱，误人金指环。"刘禹锡《马嵬行》记述了杨贵妃在马嵬驿殒命之后，有人捡到贵妃遗留的首饰，拿到咸阳市里去卖，让胡商看得很吃惊。其中有一句："指环照骨明，首饰敌连城。"

南朝刘敬叔所撰《异苑》卷六，记载了一个人鬼情未了的故事。沛郡人秦树晚上赶路却迷路了，投宿到野外一户孤零零的人家，户主是一单身女子，二人有了一夜情。早晨，秦树要上路了。女子说，以后没有相会之日了，"以指环一双赠之，结置衣带，相送出门"。秦树出门回头一望，才发现留宿之家是个墓冢。

唐代范摅《云溪友议》卷中《玉箫化》记载了唐代权臣韦皋的一个浪漫故事，故事中有个重要道具就是戒指。唐德宗贞元初韦皋任剑南西川节度使。韦皋治理蜀地二十一年，曾击败吐蕃四十八万军队，最后还辅佐太子登上皇位，韦皋因此"加检校司徒，兼中书令，封南康郡王"。韦皋曾经游江夏，到相国之从兄姜辅家暂住。姜辅有个儿子荆宝，称韦皋为兄，但对韦皋恭敬如对长辈。荆宝有侍女叫玉箫，当时才十几岁，荆宝常让她服侍韦皋。玉箫侍奉韦皋非常殷勤。过了两年，姜辅要入关求官，但因家事牵累而不得成行。韦皋就住到头陀寺去了，荆宝还时常让玉箫前去侍奉。玉箫年纪渐长，对韦皋有了感情。这时廉使陈常侍得到韦皋叔父书信，信中说："侄子韦皋在贵州呆得太久了，盼望让他回来探亲。"看完信就立即派遣舟楫让韦皋赶紧启程。韦皋很是不舍，写信告别荆宝。荆宝立即和玉箫赶来，韦皋又悲又喜。荆宝想让玉箫陪着韦皋同行，韦皋觉得回去时间太长，带着玉箫不太好，就推辞了。然后约定少则五载，多则七年，就回来找玉箫。行前韦皋留给玉箫玉指环一枚，并留诗一首。韦皋走了五年没回，玉箫就在鹦鹉洲祈祷韦皋早回。又过了两年，到了第八年春，玉箫哀叹说："韦家郎君一别七年，怕是不来了。"遂绝食而死。姜氏可怜玉箫的钟情，把玉指环戴在玉箫中指与其同葬了。后来韦皋在四川任节度使，到任三日，为三百余人平反了冤案。其中有个被拘的，偷看韦皋低声语说："仆射应该是韦兄啊。"然后大声说："仆射仆射，还记得姜家荆宝吗？"韦皋说："当然记得啊。"犯人说："我就是荆宝啊。"韦皋问："你因为什么罪被拘的？"回答说："我通过考明经科及第，后任清城县令。家人失火误烧了廨舍库牌印等物。"韦说："家人犯罪，不是你的过错。"马上释放荆宝，表奏他为眉州牧，留在自己身边做幕僚。因战事频繁，韦皋忙于战后恢复工作，过了一段时间后才问起："玉箫现在哪里？"荆宝就把玉箫的事原原本本都说了，还吟诵了当时韦皋留给玉箫的《留赠玉环》："黄雀衔来已数春，别时难解赠佳人。长吟不见鱼书至，为遣相思梦入秦。"韦皋听了，非常伤感，后来多印佛经和修塑佛像，以报答玉箫对她的痴情。当时有个方士，说能让玉箫的亡灵和韦皋见面，让韦皋斋戒七日。一个晴朗的夜晚，玉箫真的来了，感谢说："承仆射写经，得僧佛之力，这几天就要投胎。过十二年，再来侍奉您，感谢您的大恩。"临别时微笑说："丈夫薄情，令人死生隔啊！"后韦皋功成名就，得任宰相位。因过生日，各地进贡珍奇。只有东川的卢八座，送来一个歌姬。年纪尚小，也叫玉箫。仔细一看真是当年玉箫的模样，特别是中指有肉环隐隐凸出，一如当年留别的玉环。

《定情诗》中所说的"耳中双明珠"指耳环、耳坠、耳珰等缀于耳朵上的饰品。《山海经·中山经》中就有："其状人面而豹文，小要而白齿，穿耳以鐻，其鸣如鸣玉。"可见先秦以前就已有佩戴于耳的饰物。曹植《洛神赋》有："无微情以效爱兮，献江南之明珰。"唐代董思恭《三妇艳》诗："大妇裁纨素，中妇弄明珰。"刘眘虚《江南曲》："美人何荡漾，湖上风日长。玉手欲有赠，徘徊双明珰。"李端《襄阳曲》："雀钗翠羽动明珰，欲出不出脂粉香。"李贺《大堤曲》："青云教绾头上髻，明月与作耳边珰。"鲍溶《旧镜》："珠粉不结花，玉珰宁辉耳。"李商隐《夜思》："寄恨一尺素，含情双玉珰。"韦庄《怨王孙》："千万红妆，玉蝉金雀，宝髻花簇鸣珰，绣衣长。"

清代李渔《闲情偶寄·声容部·治服第三》说："饰耳之环，愈小愈佳，或珠一粒，或金银一点，此家常佩戴之物，俗名'丁香'，肖其形也。若配盛妆艳服，不得不略大其形，但勿过丁香之一倍二倍。既当约小其形，复宜精雅其制，切忌为古时络索之样，时非元夕，何须耳上悬灯？若再饰以珠翠，则为福建之珠灯，丹阳之料丝灯矣。其为灯也犹可厌，况为耳上之环乎？"李渔认为耳朵上的饰品应小而精致。

"罗缨"是古代女子笄礼时扎在发髻上的彩色丝带，说明其已经许嫁。等结婚那天，由其丈夫亲手解开（见第三章第一节）。

第二节　钗擘黄金合分钿

"唯将旧物表深情，钿合金钗寄将去。钗留一股合一扇，钗擘黄金合分钿。但教心似金钿坚，天上人间会相见。"这

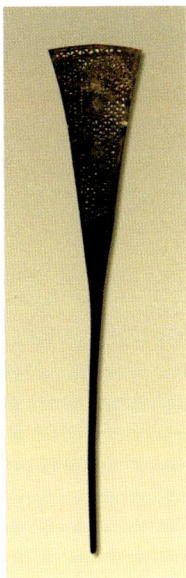

图 5-5 唐·鎏金簪
（中国国家博物馆藏）

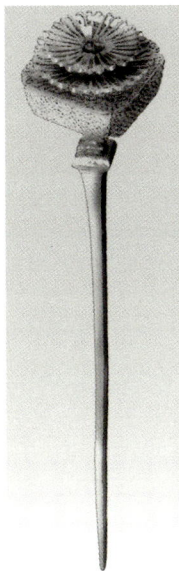

图 5-6 明·金簪

图 5-7 唐·鎏金钗
（中国国家博物馆藏）

图 5-8 唐·鎏金钗
（中国国家博物馆藏）

是白居易的《长恨歌》中的几句。将钗分开，各留一股，钿盒也分开，各留一扇，钗上擘着黄金，盒中放着钿。心如金钿一般坚定，我们即使远隔天上与人间，也一定能够再见。讲述了杨贵妃殒命后，唐玄宗的思念之情。作为发饰的钗，在诗人笔下有了动人的力量。将钗分开作为信物，不独出现在唐代。宋代辛弃疾词《祝英台近·晚春》也有："宝钗分，桃叶渡，烟柳暗南浦。"

古代使用最为普遍的首饰是钗和簪。簪是古代男女用来将冠、巾等固定于发髻的饰品。《释名》有："簪，兓也，连冠于发也。"簪为长细棒形，一端略尖，另一端有饰（图 5-5，图 5-6）。《艺文类聚》引用《释名》解释钗为："叉，枝也，因形名之也。"有分叉的固定发髻的饰品称为钗（图 5-7，图 5-8）。簪和钗材质有玳瑁、玉、牙质、翡翠、金、银、铜等。

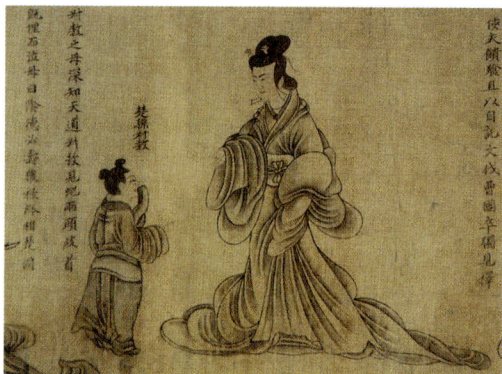

图 5-9 东晋·顾恺之《列女图卷》局部
（故宫博物院藏）

图 5-10 清·佚名《乾隆妃梳妆图》局部
（故宫博物院藏）

　　有的女子在头上插很多钗。南朝梁武帝《河中之水歌》：
"头上金钗十二行，足下丝履五文章。"唐代施肩吾《收妆
词》有："灯前再览青铜镜，枉插金钗十二行。"白居易《酬
思黯戏赠》诗："钟乳三千两，金钗十二行。"古人所说的金
钗十二行应该是形容头上首饰很多。历代仕女画中可见各种
簪和钗，如《列女图卷》中女性发饰比较朴素（图5-9），《乾
隆妃梳妆图》则是簪钗满头的盛装（图5-10）。

　　唐诗中描写有各种材质的钗与簪，如李白《相和歌辞·白
头吟》："头上玉燕钗，是妾嫁时物。"沈佺期《李员外秦援
宅观妓》："玉钗翠羽饰，罗袖郁金香。"许景先《折柳篇》："宝
钗新梳倭堕髻，锦带交垂连理襦。"王昌龄《九日登高》："茱

120

黄插鬓花宜寿,翡翠横钗舞作愁。"高适《听张立本女吟》:"自把玉钗敲砌竹,清歌一曲月如霜。"杜甫《负薪行》:"至老双鬟只垂颈,野花山叶银钗并。"张继《人日代客子是日立春》:"遥知双彩胜,并在一金钗。"戴叔伦《相思曲》:"恨满牙床翡翠衾,怨折金钗凤凰股。"张建封《竞渡歌》:"两岸罗衣破晕香,银钗照日如霜刃。"王建《白纻歌》:"低鬟转面掩双袖,玉钗浮动秋风生。"杨巨源《和刘员外陪韩仆射野亭公宴》:"好客风流玳瑁簪,重檐高幕晓沉沉。"白居易《井底引银瓶》:"石上磨玉簪,玉簪欲成中央折。"杜牧《送杜颛赴润州幕》:"还须整理韦弦佩,莫独矜夸玳瑁簪。"

不同材质的钗如同衣服一样,具有一定的象征性。比较富裕的用金玉材质,穷人则用铜铁。王建《失钗怨》诗中描写了令人心酸的贫女:"贫女铜钗惜于玉,失却来寻一日哭。嫁时女伴与作妆,头戴此钗如凤凰。双杯行酒六亲喜,我家新妇宜拜堂。镜中乍无失髻样,初起犹疑在床上。高楼翠钿飘舞尘,明日从头一遍新。"贫人家的女子还有以荆枝作钗用的。如唐代刘长卿《别李氏女子》诗:"俯首戴荆钗,欲拜凄且嚬。"杨志坚《送妻》诗:"荆钗任意撩新鬓,明镜从他别画眉。"秦系《耶溪书怀寄刘长卿员外》诗:"偶逢野果将呼子,屡折荆钗亦为妻。"所以"荆钗布裙"成为穷人女子的代称。

元代柯丹丘写有一出著名的《荆钗记》。戏中书生王十朋幼年丧父,与母亲相依为命,但贫苦而不失其志。贡元钱流行很欣赏王十朋,想将自己与前妻所生的女儿玉莲许配给王十朋。十朋母亲因为家中实在太过贫苦,就以荆钗作为聘礼。

唐诗中还提到一种头饰叫"玉搔头",如白居易《相和歌辞·采莲曲》:"逢郎欲语低头笑,碧玉搔头落水中。"常理《杂曲歌辞·古离别》："粟钿金夹膝，花错玉搔头。"白居易《长恨歌》："花钿委地无人收，翠翘金雀玉搔头。"张祜《病宫人》："四体强扶藤夹膝，双鬟慵插玉搔头。"韩愈《短灯檠歌》："裁衣寄远泪眼暗，搔头频挑移近床。"刘禹锡《和乐天春词》："行到中庭数花朵，蜻蜓飞上玉搔头。"薛能《柳枝词五首》："牵断绿丝攀不得，半空悬着玉搔头。"《西京杂记》卷二记载："武帝过李夫人，就取玉簪搔头。自此后宫人搔头皆用玉。玉价倍贵焉。"玉搔头之名由此而来，玉搔头是玉簪的别称。

簪和钗的一端常有各种装饰，如凤、花、鸟等（图5-11）。如曹植的《美女篇》："头上金爵钗，腰佩翠琅玕。"《晋书》卷六载东晋元帝"将拜贵人，有司请市雀钗，帝以烦费不许"。这是一种在一端有鸟形饰的钗。

妇女发髻上还用金钿作饰，南朝丘迟《敬酬柳仆射征怨》诗就有："耳中解明月，头上落金钿。"南朝沈约《登高望春》："日出照钿黛，风过动罗纨。"唐代贵族妇女衣服等级序列中有一档称为钿钗礼衣，从皇后到内外命妇都可以穿着，主要

图5-11 唐·花钗（手绘图）

用在正式场合燕见宾客。头饰在数量上按等级有严格区别。皇后头上插十二钿；皇太子妃头上插九钿，首饰花九树，有两博鬓；内外命妇依次为：一品九钿、二品八钿、三品七钿、四品六钿、五品五钿。另外如刘长卿《扬州雨中张十宅观妓》诗："残妆添石黛，艳舞落金钿。"岑参《敦煌太守后庭歌》："美人红妆色正鲜，侧垂高髻插金钿。"韩翃《赠别太常李博士兼寄两省旧游》："玉镫初回酸枣馆，金钿正舞石榴裙。"王建《寻橦歌》："重梳短髻下金钿，红帽青巾各一边。"王建《田侍中宴席》："整顿舞衣呈玉腕，动摇歌扇露金钿。"白居易《霓裳羽衣歌》："案前舞者颜如玉，不著人家俗衣服。虹裳霞帔步摇冠，钿璎累累佩珊珊。"

敦煌壁画中，女供养人插于发髻上端较大的花形，应该就是花钗。南朝徐陵《吴均和萧洗马子显古意六首》有："花钗玉腕转，珠绳金络丸。"《新唐书·车服志》有："花钗礼衣者，亲王纳妃所给之服也……庶人女嫁有花钗，以金银琉璃涂饰之。"也就是说花钗礼衣是当婚礼服使用的。唐至五代的敦煌壁画中有穿花钗礼衣的供养人形象，发髻上插满花钗（图5-12，图5-13）。

图5-12 唐·敦煌9窟壁画　　　　　图5-13 五代·敦煌61窟供养人像

图5-14 五代·敦煌98窟回鹘公主像

　　还有一种称为"花胜"的首饰。南朝梁简文帝《眼明囊赋》：
"杂花胜而成疏，依步摇而相逼。"《北堂书钞》卷一三五记
载："上为凤皇。《续汉书·舆服志》曰：太后入庙，为花胜，
上为凤皇爵，以翡翠为毛羽，下有白珠，垂黄金镊，左右一
横簪之。《释名》：花胜，言人形容正等，一人著之则胜也。"
宋代孟元老《东京梦华录·娶妇》："众客就筵三杯之后，婿

具公裳，花胜簇面，于中堂升一榻，上置椅子，谓之高坐。"花胜的样式很多，用金银宝石等做成花、草、鸟纹等插在额上方的头发上，有的还有很多流苏样的金属链垂下。

宋代贵族女子头饰有玉、金、银等做成的鸾凤、花枝、簪等。一般人禁止佩戴珠翠，所以也有用琉璃簪的。《宋史·五行志》有："绍熙元年，里巷妇女以琉璃为首饰。"

地位比较高的女性在盛装时会戴冠，如敦煌第 98 窟回鹘公主像（图 5–14），戴着很高的荷花形头冠。《宋仁宗皇后像》上是宋代的凤冠，从国家博物馆所藏的明代凤冠可以揣测宋代凤冠的样式和装饰（图 5–15 至图 5–17）。凤冠上缀满各种珠翠宝石以及黄金饰物。

图 5–15 宋·佚名《宋仁宗皇后像》（台北故宫博物院藏）

图 5-16 明·孝端皇后凤冠（中国国家博物馆藏）　图 5-17 明·孝端皇后凤冠（侧面）

第三节　玉佩珠缨金步摇

　　五代冯鉴撰《续事始》（收录于元代陶宗仪编《说郛》卷十）引用《实录》列举了历代的头饰名称，说女娲时用羊毛绳在脑后系发，用荆梭及竹为笄，固定发髻，此时还没有发明梳子。至赫胥氏造木梳，梳有二十个齿。尧的时代用铜笄。舜的时代出现了女人用的钗，用兽牙、玳瑁制作。周文王的时代于髻上加珠翠、翘花，还在云髻上插步摇，走动时摇曳生姿。汉武帝时期李夫人取玉簪搔头，自此宫人多用玉，用凤首装饰钗、孔雀装饰搔头。还有玳瑁制作的云头篦。魏武帝宫中插云头钗、篦。隋文帝宫中插翠翘流苏搔。虽然《续事始》引用的文字附会了历史著名人物，但可以反映一个基本的事实，那就是各种首饰是逐渐出现的，不断丰富的。大部分首饰被不断改进，在后代一直使用，

图 5-18 东晋·顾恺之（传）《女史箴图》局部
（大英博物馆藏）

图 5-19 北朝·马头鹿角金步摇
（中国国家博物馆藏）

步摇就是其中之一（图 5-18）。

步摇和簪钗等首饰不太一样，簪钗是实用和美观兼顾的首饰，簪钗有着固定发髻和固定附加头饰的作用。步摇则纯粹是装饰品，在造型上很有特色，类似于在一个有好多分叉的树枝上挂满饰品（图 5-19，图 5-20）。步摇在汉代就是贵妇的流行头饰，汉代刘熙《释名》说："步摇，上有垂珠，步则摇之。"曾有十六国时期的金步摇出土，样式和图中的步摇差不多，也是树枝状，以小金片缀在枝上。南朝沈满愿诗《咏步摇花》对步摇的描写很生动："珠华萦翡翠，宝叶间金琼。剪荷不似制，为花如自生。低枝拂绣领，微步动瑶瑛。但令云髻插，蛾眉本易成。"

《续事始》还记载："《实录》曰：自殷周之代，内外命妇朝贺宴会服朱翟衣，戴步摇，以发为之，如今鬓周回插以钿钗翠朵子垂条，而寻常头髻仿佛其样，向前后插小花子钗梳以为容饰。自后其状不一，其步摇之制不一。晋永嘉以发为步摇之状名鬓，以为礼容。至隋及唐，尚用之为嘉礼之服，裙襦大袖为之礼衣，其上皆饰以翟，即今之翟衣，妇之正服。至开元中，妇见舅姑，即戴步摇，插钗翠，若今

127

通传即戴鬓而无钗及裙襦大袖也。"

唐代贵妇也常用步摇，如《簪花仕女图》中的仕女就戴着步摇（图5–21）。唐诗中提到步摇的句子也不少，如薛昭蕴《浣溪沙》："越女淘金春水上，步摇云鬓佩鸣珰，渚风江草又清香。"武元衡《赠佳人》："步摇金翠玉搔头，倾国倾城胜莫愁。"白居易《长恨歌》："云鬓花颜金步摇，芙蓉帐暖度春宵。"顾况《王郎中妓席五咏·箜篌》："玉作搔头金步摇，高张苦调响连宵。"李贺《老夫采玉歌》："采玉采玉须水碧，琢作步摇徒好色。"张仲素《杂曲歌辞·宫中乐》："翠匣开寒镜，珠钗挂步摇。"

唐宋时期，流行用栉枇作为发饰。栉出现比较早，但用来作为头部装饰则相对较晚。栉有梳、枇之分。唐至宋、元时期，妇女的髻上都流行饰栉。唐代《艺文类聚》卷七〇引用各种文献解释梳枇："《说文》曰：栉，梳枇总名也。《释名》曰：梳言其齿疏也，枇言其细相比也。《礼记》曰：男女不同巾栉。"齿疏的称为梳，齿密的称为枇。唐代徐彦伯《婕妤》有："君恩忽断绝，妾思终未央。巾栉不可见，枕席空余香。"

图 5–20 北朝·牛头鹿角金步摇
（中国国家博物馆藏）

图 5–21 唐·周昉《簪花仕女图》局部
（辽宁省博物馆藏）

盛唐莫高窟第130窟壁画太原王氏正面头上的栉为三把，头顶和左右鬓各一。中晚唐敦煌壁画中一般妇女髻上多为二至三把栉，与《捣练图》中妇女插法相近，一般都是在顶部有一，左右鬓各一，或髻后有一（图5-22，图5-24）。

广插钗梳是晚唐宫廷的风气。宋代《册府元龟》卷五六有："（唐文宗）丁巳，命内官赴汉阳公主等宅宣，每遇对日，不得广插钗梳，不须服短窄衣服。"《内人双陆图》和《宫乐图》中插如此多栉的情况在敦煌壁画中未见到，髻上所饰的栉多至七八把。盛唐时期的唐墓壁画中也未见如此装饰的栉。推断《宫乐图》中所见为中晚唐时期宫廷内的发饰，而民间妇女发髻上不插如此多的栉（图5-23，图5-25）。

明末清初叶梦珠《阅世编》卷八记录了清初妇人使用首饰的情况："首饰，命妇金冠，则以金凤衔珠串，隆杀照品级不等，私居则金钗、金簪、金耳环、珠翠，概不用也。以予所见，则概用珠翠矣。然犹以金、银为主，而装翠于上，如满冠、捧髻、倒钗之类，皆以金银花枝为之，而贴翠加珠耳。包头上装珠花，下用珠边口，簪用圆头金银或玉。高年者用玛瑙，既而改用金玉凤头簪，口衔珠结串，下垂于髻，后用金银珠林，体式斜方，而不用玉，今径用金扁方矣。花冠、满冠等式，俱用珠花。包头上用珠网束发，下垂珠结宝石数串，两髻亦以珠花、珠结、珠蝶等捧之。碗簪所以定冠髻，初尚极大，玉质，镶金银装珠，后尚小，而以蜜珀镶金缀珠，或间用侧簪，金乃用团花，或纯金不镶而装珠翠。大抵有余之家，必选赤色精金及大白圆珠为首饰，寒素者宁淡装无饰，而银花珠翠竟不屑用，虽亦世风之一变，然而势极必反，未始非返朴之机也。"此时的首饰和用材都非常丰富了。

明末清初卫泳所撰《悦容编》认为装饰不在多而在于恰

图 5-22 唐·莫高窟 130 窟供养人像（临本） 图 5-23 唐·《宫乐图》局部（台北故宫博物院藏）

图 5-24 唐·张萱《捣练图》局部
（美国波士顿美术馆藏）

图 5-25 唐·《内人双陆图》局部
（美国弗利尔美术馆藏）

当："饰不可过，亦不可缺。淡妆与浓抹，惟取相宜耳。首饰不过一珠一翠一金一玉，疏疏散散，便有画意。如一色金银簪钗行列，倒插满头，何异卖花草标？服色亦有时宜。春服宜倩，夏服宜爽，秋服宜雅，冬服宜艳。见客宜庄服，远行宜淡服，花下宜素服，对雪宜丽服。吴绫蜀锦，生绡白苎，皆须褒衣阔带。大袖广襟，使有儒者气象。然此谓词人韵士妇式耳。若贫家女典尽时衣，岂堪求备哉？钗荆裙布，自须雅致。花钿委地无人收，方是真缘饰。"图 5-26 和图 5-27 中的女性发饰属于卫泳认为的"相宜"。图 5-28 中的仕女则作相对繁复的盛装打扮。

李渔在《闲情偶记·声容部·治服第三》说了对首饰使用的看法："珠翠宝玉，妇人饰发之具也，然增娇益媚者以此，损娇掩媚者亦以此。所谓增娇益媚者，或是面容欠白，或是发色带黄，有此等奇珍异宝覆于其上，则光芒四射，能令肌发改观，与玉蕴于山而山灵，珠藏于泽而泽媚同一理也。若使肌白发黑之佳人满头翡翠，环鬓金珠，但见金而不见人，犹之花藏叶底，月在云中，是尽可出头露面之人，而故作藏头盖面之事。巨眼者见之，犹能略迹求真，谓其美丽当不止此，使去粉饰而全露天真，还不知如何妩媚；使遇皮相之流，止谈妆饰之离奇，不及姿容窈窕，是以人饰珠翠宝玉，非以珠翠宝玉饰人也。"说女性使用首饰不必过分夸张，多则无益。但女人一生必有一个月是需要满头珠翠的，那就是结婚的时候。"故女人一生，戴珠顶翠之事，止可一月，万勿多时。所谓一月者，自作新妇于归之日始，至满月卸妆之日止。只此一月，亦是无可奈何。"

李渔还认为首饰中有簪珥就够了，和卫泳的观点比较接近。"一簪一珥，便可相伴一生。此二物者，则不可不求精善。富贵之家，无妨多设金玉犀贝之属，各存其制，屡变其

图 5-26 南宋·佚名《女孝经图卷》局部（南京博物院藏）

图 5-27 明·杜堇《宫中图卷》局部（上海博物馆藏）

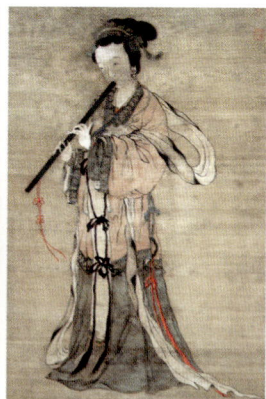

图 5-28 明·唐寅《吹箫仕女图》局部（南京博物院藏）

图 5-29 清·冷枚《连生贵子图》（清华大学美术学院藏）

图 5-30 清·任熊《大梅诗意图册》（故宫博物院藏）

形，或数日一更，或一日一更，皆未尝不可。贫贱之家，力不能办金玉者，宁用骨角，勿用铜锡。骨角耐观，制之佳者，与犀贝无异，铜锡非止不雅，且能损发。"除去人工首饰之外，李渔认为最重要的就是花了。"簪珥之外，所当饰鬓者，莫妙于时花数朵，较之珠翠宝玉，非止雅俗判然，且亦生死迥别。""晨起簪花，听其自择。喜红则红，爱紫则紫，随心插戴，自然合宜，所谓两相欢也。寒素之家，如得美妇，屋旁稍有隙地，亦当种树栽花，以备点缀云鬟之用。他事可俭，此事独不可俭。"

富贵人家的女性头上簪着凤钗、翠钿，耳上缀着宝珠（图5-29），穷人家女子则一切从简，任熊《大梅诗意图册》中有一幅图清楚地表现了贫富之间的巨大反差，如其题句："东家大姑珠翠头，贩妇竿挑一裈虱。"（图5-30）

六 >> 　　　闺阁女红

　　古代专由女性负责的劳作很多，如蚕桑、纺织、缝制、刺绣、哺育等，甚至种植和采摘等比较重的劳动也有女性参与。和思妇相联系的劳作是捣衣，有很多作品描绘了捣衣妇思念在远方征战的丈夫。与女性的柔美相联系的主要是纺织和刺绣，在古代绘画和文学作品中，佳人多是刺绣或纺织高手。另外，在一些朝代，丝绸制品是当货币使用的，蚕桑生产反映了经济水平，为了鼓励丝织品生产，皇后每年都要参加一个重要的大型礼仪活动——亲蚕。宫廷中的女性也多要参与纺织活动，一般人家的女性就更不可能例外了。会纺织和刺绣还是婆家选媳妇的重要条件，纺织和刺绣水平出众的女子会被认为是贤淑的。

第一节　秋夜捣衣

　　"长安一片月，万户捣衣声。秋风吹不尽，总是玉关情。"这是李白《子夜吴歌·秋歌》中的诗句，描写了秋夜长安城中妇女捣衣，挂念远在玉门关的亲人。以捣衣作为主题的诗词作品从南北朝时期一直流行到宋代，甚至到了清代还有诗词描写。

目前所知最早的捣衣之作是西汉班婕妤的《捣素赋》，此文有较大可能是后人假托班婕妤所作，表达的是班婕妤远离汉成帝，住长信宫时的幽怨之情。其中有"于是投香杵，扣纹砧，择鸾声，争凤音"之句。

东晋曹毗的《夜听捣衣》是目前所知较早的一篇捣衣诗，后来的捣衣诗多模仿此诗的意境："寒兴御纨素，佳人理衣衾。冬夜清且永，皎月照堂阴。纤手叠轻素，朗杵叩鸣砧。清风流繁节，回飙洒微吟。嗟此往运速，悼彼幽滞心。二物感余怀，岂但声与音。"

以"捣衣"为主题的作品大多描写妇女在家辛苦捣衣，思念在远方征战的丈夫。如南朝梁代的柳恽写了多篇《捣衣诗》，通篇都在描写思念之情，如其中一首："行役滞风波，游人淹不归。亭皋木叶下，陇首秋云飞。寒园夕鸟集，思牖草虫悲。嗟矣当春服，安见御冬衣？"

南朝乐府民歌《月节折杨柳歌·八月歌》有："迎欢裁衣裳，日月流如水，白露凝庭霜。折杨柳。夜闻捣衣声，窈窕谁家妇？"

梁武帝萧衍《捣衣诗》有："袅袅同宫女，助我理衣裳。参差夕杵引，哀怨秋砧扬。轻罗飞玉腕，弱翠低红妆。朱颜日已兴，眄睐色增光。捣以一匪石，文成双鸳鸯。制握断金刀，薰用如兰芳。佳期久不归，持此寄寒乡。妾身谁为容，思君苦入肠。"

梁元帝萧绎的《寒闺诗》："乌鹊夜南飞，良人行未归。池水浮明月，寒风送捣衣。愿织回文锦，因君寄武威。"

南朝梁代僧正惠侃《咏独杵捣衣诗》："言捣双丝练，似奏一弦琴。令君闻独杵，知妾有专心。"

南朝宋代谢惠连《捣衣诗》："檐高砧响发，楹长杵声哀。微芳起两袖，轻汗染双题。纨素既已成，君子行未归。裁用笥中刀，缝为万里衣。"

初唐的捣衣诗往往反映了"府兵制"背景下，家人远征，妇女独自守家为远方亲人制作冬衣的情景。府兵制是兵农合一的兵制，开始于西魏，至唐太宗时期为最盛，唐玄宗天宝年间废止，经历了约二百年。府兵平时为耕种土地的农民，战时从军打仗。参战时，府兵需自备武器、粮食和马匹等。府兵制可以大幅度节约军费开支，所以在混战不断的南北朝时期出现并得到完善。

捣衣作为制衣流程，可能早在战国时期就已出现。元代王祯《农书》卷二一记载："砧杵，捣练具也。《东宫旧事》曰：太子纳妃有石砧一枚，又捣衣杵十。《荆州记》曰：秭归县有屈原宅、女媭庙，捣衣石犹存。盖古之女子对立，各执一杵，上下捣练于砧，其丁东之声，互相应答。今易作卧杵，对坐捣之，又便且速，易成帛也。"《东宫旧事》传为汉代张敞所著，该段记载说明汉代宫中捣衣已是日常工作。

捣衣实际上是捣面料。明代宋应星《天工开物·乃服第二》有："凡布缕紧则坚，缓则脆。碾石取江北性冷质腻者（每块佳者，值十余金），石不发烧，则缕紧不松泛。……为衣敝浣，犹尚寒砧捣声，其义亦犹是也。"按《天工开物》所言，捣衣是为了将面料变紧。

我们在《捣练图》中所见，应该和《天工开物》所说不是一回事。捣衣目的有两个，一是为了方便染色。因为未经处理的丝织物中有胶质和其他杂质，通过捣的方式可以去除织物中的杂质，并使丝织物均质化，便于上色。第二，面料挺括，才能方便裁剪。裁衣前，面料需要上浆，并用木杵在石砧上反复捶打，使浆料在面料上均匀。然后将面料熨平，就可以裁剪了。一般丝织品制成后，会等到做冬衣前才捣衣。这就是为什么秋夜之时捣衣声声了。（图6–1至图6–5）

唐代王建《捣衣曲》较为清楚地描写了妇姑二人捣衣的程序："月明中庭捣衣石，掩帷下堂来捣帛。妇姑相对神力生，双揎白腕调杵声。高楼敲玉节会成，家家不睡皆起听。秋天丁丁复冻冻，玉钗低昂衣带动。夜深月落冷如刀，湿着一双纤手痛。回编易裂看生熟，鸳鸯纹成水波曲。重烧熨斗帖两头，与郎裁作迎寒裘。"诗中描述了捣衣完毕就熨烫，然后裁剪做衣的过程。

出现在捣衣诗中的面料有纨、帛、素、罗、练、绡、流黄等等。纨是轻薄细软、富有光泽、平纹交织的素织物。素是生帛。罗是指经丝互相绞缠后呈椒孔状的半透明丝织物，罗织物孔眼大小固定，轻薄透气。绢为平纹交织丝织物，至薄的绢又称"轻绡"。练一般指白绢，将生丝、麻或布帛煮熟，使柔软洁白，也称为练。流黄指黄茧丝织成的绢。

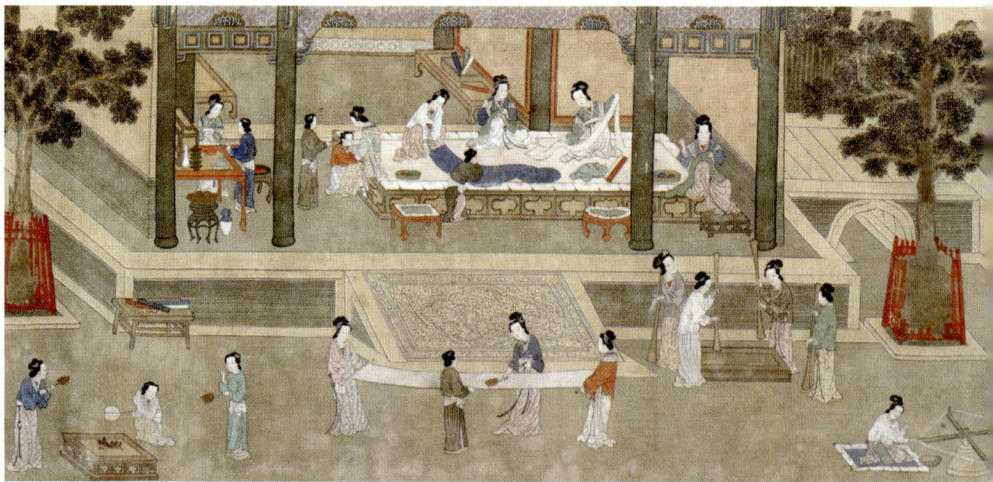

图6–1 明·佚名《宫蚕图卷》局部（故宫博物院藏）

图 6-2 唐·张萱《捣练图》局部（美国波士顿博物馆藏）

图 6-3 唐·张萱《捣练图》局部

图 6-4 元·《农书》卷二一捣衣　　图 6-5 元·《农书》卷二一砧杵

如南朝柳恽《捣衣诗》："念君方远游，望妾理纨素。"江淹《悼室人诗十首》："秋至捣罗纨，泪满未能开。"唐代贾至《寓言二首》："玉砧调鸣杵，始捣机中纨。"吕温《闻砧有感》："千门俨云端，此地富罗纨。秋月三五夜，砧声满长安。"韩愈《春雪》："城险疑悬布，砧寒未捣绡。"白居易《闻夜砧》："谁家思妇秋捣帛，月苦风凄砧杵悲。"韩愈《咏雪赠张籍》："砧练终宜捣，阶纨未暇裁。"李贺《龙夜吟》："寒砧能捣百尺练，粉泪凝珠滴红线。"杜甫《秋风二首》："天清小城捣练急，石古细路行人稀。"乔知之《从军行》："曲房理针线，平砧捣文练。"温子升《捣衣诗》："长安城中秋夜长，佳人锦石捣流黄。"等。

文学作品之所以多描写秋夜捣衣，一方面和服装制作有关，一方面和文学作品需要表达的意境有关。捣衣是制作冬衣之前的步骤，一般是秋天进行。男子出征，妇女家务繁重，需要做完农活、家务及哄孩子睡觉之后才有时间捣衣。中秋时节，月亮渐圆，古人没有现代化的通讯工具，远隔千里，思念全凭那一轮明月传递，正如苏东坡所说"千里共婵娟"，将捣衣融入此场景更可增强文字的表现力。

如南朝乐府民歌《子夜四时歌·秋歌十八首》："风清觉时凉，明月天色高。佳人理寒服，万结砧杵劳。""白露朝夕生，秋风凄长夜。忆郎须寒服，乘月捣白素。"南朝梁代费昶《华光省中夜闻城外捣衣诗》："秋气城中冷，秋砧城外发。"北周庾信《咏画屏诗》第十首："捣衣明月下，静夜秋风飘。锦石平砧面，莲房接杵腰。急节迎秋韵，新声入手调。寒衣须及早，将寄霍嫖姚。"等等。

当然也有将捣衣置于其他季节，但表达的意图是一样的。如唐代张若虚《春江花月夜》："玉户帘中卷不去，捣衣砧上拂还来。"月光透过帘子，玉户珠帘遮不住清晖皎皎，捣衣声里，寒石砧上，拂不去银光如泻。无尽相思尽在这无尽月光之中。

捣衣诗多是用文字描绘的思妇图，辅以寒夜秋意，反映了文人对女性美的一种诠释。班婕妤《捣素赋》中对美人姿态的描写清楚地表明了这一点："若乃盼睐生姿，动容多制，弱态含羞，妖风靡丽。皎若明魄之升崖，焕若荷华之昭晰。调铅无以玉其貌，凝朱不能异其唇。胜云霞之迩日，似桃李之向春。红黛相媚，绮组流光，笑笑移妍，步步生芳。两靥如点，双眉如张，牍肌柔液，音性闲良。"一些捣衣诗则直接写佳人，没有跳出《捣素赋》所表现的主题。如曹毗《夜听捣衣诗》中的"佳人理衣衾"，《子夜四时歌·秋歌十八首》中的"佳人理寒服"，柳恽《捣衣诗》中的"佳人饰净容"，温子升《捣衣诗》中的"佳人锦石捣流黄"等等。

唐代诗人捣衣诗中的思妇和南朝诗描绘的差异不大，有些诗中的优美多于忧伤。如王昌龄《长信秋词五首》："长信宫中秋月明，昭阳殿下捣衣声。白露堂中细草迹，红罗帐里不胜情。"张说《伤妓人董氏四首》："董氏娇娆性，多为窈窕名。人随秋月落，韵入捣衣声。"李澄之《秋庭夜月有怀》："夜月明虚帐，秋风入捣衣。从来不惯别，况属雁南飞。"王勃《杂曲歌辞·秋夜长》："鸣环曳履出长廊，为君秋夜捣衣裳，纤罗对凤凰，丹绮双鸳鸯，调砧乱杵思自伤，思自伤。征夫万里戍他乡。鹤关音信断，龙门道路长。所在天一方，寒衣徒自香。"

南唐后主李煜写了一首词《捣练子令》："深院静，小庭空，断续寒砧断续风。无奈夜长人不寐，数声和月到帘栊。"但宋代以词牌《捣练子》写的词多与捣衣没什么关系。而且即使是以捣衣为主题的诗词，也大多模仿一下前人的意境而已，宋代词人所作捣衣主题的词中大致没什么痛苦，多是轻盈和洒脱，现实生活中的思妇捣衣并不多见，体现在词中，有些属于"为赋新词强说愁"。如贺铸《捣练子》词："砧面莹，杵声齐，捣就征衣泪墨题。"又贺铸《夜捣衣》："收锦字，下鸳机。净拂床砧夜捣衣。马上少年今健否，过瓜时见雁南归。"晏几道《少年游》词："飞鸿影里，捣衣砧外，总是玉关情。"再如欧阳修《渔家傲》中也有捣衣，已经丝毫看不到思妇的影子："九月重阳还又到。东篱菊放金钱小。月下风前愁不少。谁语笑。吴娘捣练腰肢袅。"而晏殊《胡捣练》则只有美人，完全和捣衣无关："小桃花与早梅花，尽是芳妍品格。未上东风先拆。分付春消息。佳人钗上玉尊前，朵朵浓香堪惜。谁把彩豪描得。免恁轻抛掷。"但是到了清代纳兰性德《浪淘沙》词倒还有一些哀伤："野宿近荒城，砧杵无声。"

第二节　独坐纱窗刺绣迟

清代徐震《美人谱》中记载了和美（妓）人相关的多种技艺，如"弹琴、吟诗、围棋、写画、蹴鞠、临池摹帖、刺绣、织锦、吹箫"等等。刺绣织锦和弹琴画画等技艺完全不同类，当归入生产类别。古代劳动女子需要干的活很多，如养蚕、纺线、织布、刺绣、洗刷、抚养子女和一些农活等等。即使是贵族家的女子，为了培养妇道，也参与一些纺织和刺绣的活动。纺织和刺绣也逐渐成为评价女子个人素质的标准之一。所以很多女孩子如《孔雀东南飞》中所说"十三能织素，十四学裁衣"。

湖北江陵马山一号楚墓出土的绣衾和禅衣是现在保存较早的刺绣，上面绣有龙、凤、虎和花卉等纹样。《尚书》有"衣画而裳绣"句，《诗经》亦有"素衣朱绣"。至汉代，刺绣和纺织工艺水平已经相当高。东汉王充《论衡·程材篇》记："齐郡世刺绣，恒女无不能；襄邑俗织锦，钝妇无不巧。目见之，日为之，手狎也。"汉代桓宽《盐铁论·散不足》记："今富者缛绣罗纨，中者素绨冰锦。常民而被后妃之服，褒人而居婚姻之饰。夫纨素之贾倍缣，缣之用倍纨也。"马王堆一号汉墓出土竹简记载了汉代的三种刺绣名称："信期绣、乘云绣、长寿绣。"

张彦远的《历代名画记》卷四记："吴王赵夫人，丞相赵达之妹。善书画，巧妙无双。能于指间以彩丝织为龙凤之锦，宫中号为'机绝'。孙权尝叹魏蜀未平，思得善画者图山川地形。夫人乃进所写江湖九州山岳之势。夫人又于方帛之上，绣作五岳列国地形，时人号为'针绝'。又以胶续丝发作轻幔，号为'丝绝'。"

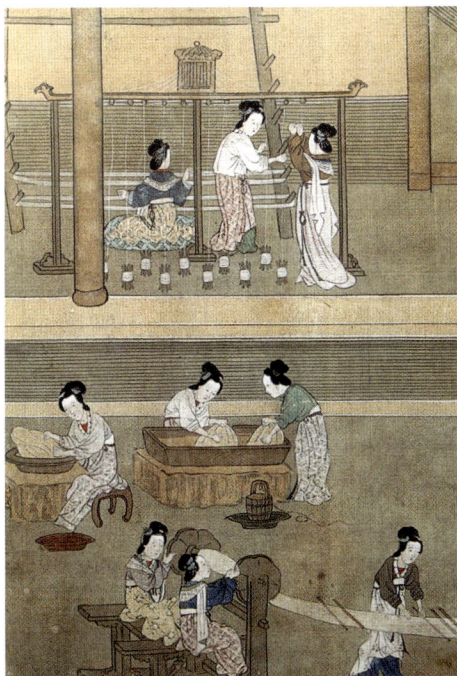

图6-6 明·佚名《宫蚕图卷》局部（故宫博物院藏）

图 6-7 清·绵亿《棉花图册》局部（故宫博物院藏）

图 6-8 清·绵亿《棉花图册》局部（故宫博物院藏）

图 6-9 清·吴求《豳风图册·缝衣图》局部（故宫博物院藏）

图6-10 清·杨晋《豪家佚乐图卷》局部（南京博物院藏）

图6-11 宋·佚名《孝经图轴》局部（南京博物院藏）

　　古代妇女，要从养蚕种桑种棉开始劳作，然后纺线织布，再捣衣熨烫、染色，直到缝制衣服，整个过程非常辛苦。这系列过程，也被画家记载于仕女画中。（图6-6至图6-11）

　　东晋王嘉《拾遗记》记载了一则关于织女的故事。有个因祇国，距离都城九万里，献女工一人。体貌轻盈洁净，穿着纤薄布满刺绣的衣服，长袖翩翩，衣边镶滚，系着衿带，风起时衣带飘飘。这个女工善于纺织，以五色丝置于口中，手引彩线便能织出有美丽花纹的锦缎。这则故事赋予织绣不尽的浪漫和神奇。

《晋书·列女传》："窦滔妻苏氏，始平人也，名蕙，字若兰，善属文。滔，苻坚时为秦州刺史，被徙流沙，苏氏思之，织锦为回文旋图诗以赠滔。宛转循环以读之，词甚凄惋，凡八百四十字，文多不录"图6-12是明代人绘制的苏若兰。苏若兰因其织锦技艺而被载入史册。

明代屠隆《考槃余事》卷二记："宋之闺绣画，山水人物楼台花鸟，针线细密，不露边缝，其用绒止一、二丝，用针如发细者为之，故眉目毕具，绒彩夺目，而丰神宛然，设色开染，较画更佳。女红之巧，十指春风，迥不可及。"宋

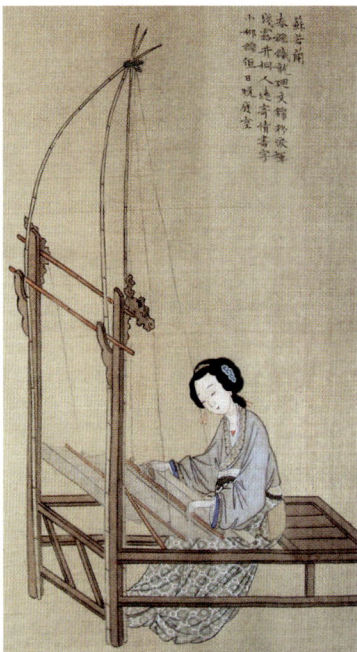

图6-12明·佚名《千秋绝艳图卷·苏若兰》
局部（中国历史博物馆藏）

代女子做的刺绣非常精细，比图画层次更丰富。

美人刺绣是诗词中的常用题材。如，唐代滕潜《杂曲歌辞·凤归云》："五陵公子怜文彩，画与佳人刺绣衣。"常理《姜薄命》："鸟衔樱桃花，此时刺绣闲。"宋代袁去华《满庭芳》词："苦忆新晴昼永，闲相伴、刺绣明窗。"《卓牌子近》词："看淡净洗妆态，梅样瘦，春初透。尽日明窗相守。闲共我焚香，伴伊刺绣。"李从周《玲珑四犯》词："想绮窗、刺绣迟了，半缕茜茸微绕。"吴文英《永遇乐》词："堪怜窗景，都闲刺绣，但续旧愁一缕。"汪元量《忆王孙》词："上阳宫里断肠时，春半如秋意转迷，独坐纱窗刺绣迟。"柳永《减字木兰花》："花心柳眼，郎似游丝常惹绊。慵困谁怜，绣线金针不喜穿。"明末清初黎遂球《花底拾遗》："碧纱窗下，摹疏影作刺绣谱，寒食后写落花诗寄人。"（图6-13至图6-15）

图6-13 清·陈枚《月曼清游图册·文窗刺绣》局部（故宫博物院藏）

图 6-14 唐·周昉《挥扇仕女图》局部（故宫博物院藏）

图 6-15 明·佚名《千秋绝艳图卷·无双》局部（中国历史博物馆藏）

元曲《牡丹亭》第三出《训女》有一段关于女工的对话，颇为有趣："（外）叫春香。俺问你小姐终日绣房，有何生活？（贴）绣房中则是绣。（外）绣的许多？（贴）绣了打绵。（外）甚么绵？（贴）睡眠。（外）好哩，好哩。夫人，你才说'长向花阴课女工'，却纵容女孩儿闲眠，是何家教？"第七出《闺塾》："学生待绣对鞋儿上寿，请个样儿。"女子绣花需要找画好的花样，宋元时期已经有画师供稿的市场。画稿描下留有备份，还会手手相传。《牡丹亭》第四本第二折："秀才是文章魁首，姐姐是仕女班头；一个通彻三教九流，一个晓尽描鸾刺绣。"可见女子刺绣水平高是相当能提高身价的。

至明清时期，妓女也会因做刺绣而显得颇为出类。清代俞蛟《潮嘉风月记》记有："曾春姑，澄海人。自幼父母俱丧，依于婶母蓉娘。丰姿秾粹，如碧桃初放，满座生春。顾性情孤峻，每日晨起梳洗毕，辄闭户焚香，或临窗刺绣，不喜见人。"伶人会刺绣也会被认为是一种美德。清代佚名撰《笔梦叙》记有戏曲教师："薛太太，苏州人，旧家淑媛，善丝竹，兼工刺绣。"

明清时期，一般家庭娶妻，刺绣水准是重要的评价条件之一。女子或将平日所作刺绣，托与说媒的以及婆家人看。女子有一个嫁妆盒，里面放着自己的生辰八字，还有一个允嫁的允字牌，结婚后夫妻二人的生辰八字要放到一起。嫁妆盒里还有平时做的一些绣片，绣的东西有香囊、眼镜袋，或者是扇袋之类的小件，婚庆时可以将这些绣品赠送给亲朋好友，显示自己的才干。嫁妆盒里一般还有婚礼时需要发送出去的红包封套。

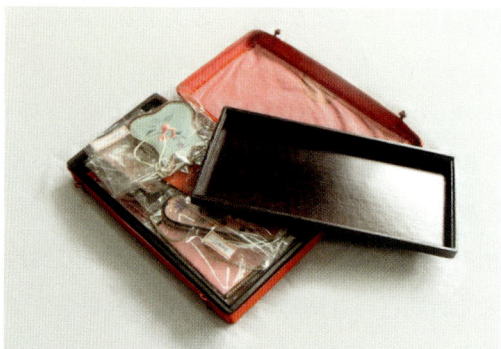

图 6-16 嫁妆盒（凤歌堂藏）

图 6-17 嫁妆盒盒套（凤歌堂藏）

　　有一个民国时期的嫁妆盒，里面包含了上述各种物件。
如此完整，可见这位女子很可能没有出嫁。嫁妆盒里的刺绣
虽然不是那种独具匠心的艺术品，但每件都制作工整，针脚
整齐细密，这位不知名的女孩子不知多少次"独坐纱窗刺绣
迟"才绣出这么多绣品。嫁妆盒外还有个红色的绸布制作的
盒套，上面也以平针细密绣着富贵牡丹的纹样。想到这位乙
巳年（1905 年）生的未嫁女子，当真令人唏嘘不已。（图 6-16
至图 6-22）

图 6-18 铜八字（嫁妆盒内物）　　　　　　图 6-19 铜质允牌（嫁妆盒内物）

图 6-20 粉红绸面花卉平绣小包（嫁妆盒内物）

图 6-21 粉红绸面绣花香囊（嫁妆盒内物）

图 6-22 紫红绸面平绣扇套（嫁妆盒内物）

七 >>　　　生香能语

　　人对美的感受是全方位的，接收美的过程调动了大多数的感官，不仅是视觉、听觉，还包括味觉、嗅觉。为了提高自己在嗅觉上的美感，人们想出了各种办法。远古时，中国人就开始使用各种草本香料。汉代，西域的各种香料进入中原，成为贵族追逐的时尚奢侈品。在强大而开放的唐代，香料更加普及，人们使用香料的品种和手段更加多样。香料可以焚烧、可以泡汁、可以磨碎调入化妆品。人们用香料熏衣被，或放入香囊佩戴，或涂抹于身体。佳人将至，人未到而香先闻，所谓"压尽人间花气"。

第一节　蹙金妃子小花囊

　　《新唐书·后妃传》的记载："帝至自蜀，道过其所，使祭之，且诏改葬。礼部侍郎李揆曰：'龙武将士以国忠负上速乱，为天下杀之。今葬妃，恐反仄自疑。'帝乃止。密遣中使者具棺椁它葬焉。启瘗，故香囊犹在，中人以献，帝视之，凄感流涕，命工貌妃于别殿，朝夕往，必为鲠欷。"安史之乱后期，唐玄宗李隆基从蜀地回到长安，思念杨贵妃，秘密派人去马嵬驿将贵妃重新安葬。去人回报贵妃尸骨已腐，只留下香囊一个，玄宗看到这个香囊泪流满面。最初研究者认为当时的香囊是丝织品，如谢弗《唐代的外来文明》第十章中就认为《新唐书》中记载的这个香囊是丝织品。

直到上世纪 80 年代，从法门寺出土了两个唐代香囊，人们才知道唐代的香囊是什么样子的。1981 年 8 月法门寺塔被雨水浸泡，侧面垮塌了三分之一，当人们打算重新建塔时，发现了塔下的地宫，并在地宫中出土了大量珍宝。其中有碑刻的地宫物品名录，经过对照，人们才知道这两个银质镂空球就是唐代的香囊。香囊里面的万向节设计精巧，无论怎么动，都可以保证香囊内的香料碗是水平的。香囊里面装香料，可以挂于裙内。（图 7-1，图 7-2）

图 7-1 法门寺出土的唐代银香囊（选自《法门寺考古发掘报告》，文物出版社，2007 年）

图 7-2 唐代银香囊内的万向节

唐代的张祜还写过一首诗《太真香囊子》提到贵妃的香囊："蹙金妃子小花囊，销耗胸前结旧香。谁为君王重解得，一生遗恨系心肠。"

文学作品在描写美女时，常将其身体的异香作为一种玄妙的事情加以描写。如曹植的《美女篇》："顾盼遗光采，长啸气若兰。"《洛神赋》有："含辞未吐，气若幽兰。"《太平广记》卷二七二记浙东舞女，"宝历二年，浙东贡舞女二人：一曰飞燕，一曰轻凤。修眉黛首，兰气融冶"。两位舞女都是细长眉毛，乌黑的头发，身体散发着幽幽的兰香。《清稗类钞·异禀类》中《香妃体有异香》记："回王某妃以体有异香，号香妃，国色也。"乾隆皇帝平定新疆得到香妃，香妃因为不屈被太后赐死。"妃已气绝，而异香不散，面犹含笑也。"另外一条《香姑》记载的也是乾隆时期，桐城姚氏生了一个女儿，身体芳香如兰花，人称之为香姑。金庸先生的《天龙八部》在描写木婉清的时候也说她体有异香。所谓身体异香多和使用香料有关，毕竟身体要散发出浓郁香气是一件相当违反自然规律的事。增加身体的香味实质是增加对他人的吸引力，因为身上的香味自己是不太感觉得到的，这是一个味觉疲劳的常识。既然自己嗅不到自己身上的味道，那么香料的使用必是有吸引他人的目的。

香料的使用大致有这么几种方式：点燃香料，用来制作熏香，放到熏炉（熏笼）内熏衣服或被子，或为室内添香；制成液体香料，用来涂抹身体或置于开有小孔的容器内随身携带；去除水分的香料置于香囊内随身携带；还有一些香料用来配置美容药品或作为食品添加剂使用。

中国人使用香料可以追溯至春秋战国时期，《楚辞》中有提到江离、辟芷、申椒、菌桂、幽兰、留夷、揭车、薜荔等香料。马王堆汉墓出土有两件熏炉，一件出土时，炉盘内盛有茅香、高良姜、辛夷和藁本等香草；另外一件炉盘内满盛燃烧后残存的茅香炭形根茎。同时出土的还有四个香囊，都是丝织品，分别装有茅香根茎、花椒、茅香和辛夷等。汉魏时期繁钦的《定情诗》提到香囊："何以致叩叩？香囊系肘后。"可知当时香囊系在手肘后边。

清代的香囊也是丝织品。《红楼梦》第十八回"林黛玉误剪香袋囊，贾元春归省庆元宵"，林黛玉误会了宝玉，以为宝玉将所赠的荷包转赠给其他人了，"赌气回房，将前日宝玉所烦她做的那个香袋儿，才做了一半，赌气拿过来就铰。宝玉见她生气，便知不妥，忙赶过来，早剪破了。宝玉已见过这香囊，虽尚未完，却十分精巧，费了许多工夫"。其实宝玉是将黛玉送的荷包贴身挂了。"黛玉见他如此珍重，带在里面，可知是怕人拿去之意，因此又自悔莽撞，未见皂白，就剪了香袋。"

东晋王嘉《拾遗记》卷六云："灵帝初平三年游于西园，起裸游馆千间，……西域所献茵墀香，煮以为汤，宫人以之浴浣毕，使以余汁入渠，名曰流香渠。"汉灵帝荒淫裸游，用茵墀香煮汤，给宫女洗浴。现在已经无法考证茵墀香到底是什么品种的香料，不过可以知道从西域进口是当时中国获得香料的主要途径。

曹魏时期鱼豢所著的《魏略·西夷传》里提到十种西域的香料：微木、苏合、狄提、迷迷、兜纳、白附子、熏陆、郁金、芸胶、熏草木。曹操曾颁布过《内戒令》禁止当时用香的奢侈行为。"昔天下初定，吾便禁家内不得香熏。后诸女配国家为其香，因此得烧香。吾不好烧香，恨不遂所禁，今复禁不得烧香，其以香藏衣著身亦不得。"（《太平御览》卷九八一）曹操在遗书中还提到"余香可分与诸夫人"。据此可以认为，魏晋时期使用西域香料品种已经比较多，使用香料在上层已经较为普遍。

战国楚墓就有熏笼出土，魏晋南北朝时期用熏笼熏衣在贵族中更是普遍现象。晋《东宫旧事》载："太子纳妃，有漆画手巾熏笼二条，大被熏笼三。"《颜氏家训》卷三记梁朝全盛之时："（贵游子弟）无不熏衣剃面，傅粉施朱。"因为熏笼广泛使用，还出现了吟咏熏笼的诗赋，如梁萧正德《咏竹火笼》、沈约《咏竹火笼诗》、梁简文帝《谢敕赍织竹火笼启》等。到唐代乃至宋、明，熏笼都是富贵人家的重要生活用品。如唐代薛昭蕴诗《醉公子》："床上小熏笼，韶州新退红。"白居易《后宫词》："红颜未老恩先断，斜倚熏笼坐到明。"《石榴树》："可怜颜色好阴凉，叶剪红笺花扑霜。伞盖低垂金翡翠，熏笼乱搭绣衣裳。"《秋雨夜眠》："凉冷三秋夜，安闲一老翁。卧迟灯灭后，睡美雨声中。灰宿温瓶火，香添暖被笼。晓晴寒未起，霜叶满阶红。"张碧《林书记蔷薇》："双成涌出琉璃宫，天香阔罩红熏笼。"崔橹《惜莲花》："留样最嗟无巧笔，护香谁为惜熏笼。"王建《宫词》写宫女为皇帝熏衣："每夜停灯熨御衣，银熏笼底火霏霏。"孟浩然《寒夜》："夜久灯花落，熏笼香气微。"

熏笼多用细竹篾编成，魏晋时逐渐成为坐具的一种，也是后来绣墩和鼓凳的前身。熏笼除了熏香之外还有取暖的功能，如唐代王建《宫词》："内人恐要秋衣着，不住熏笼换好香。"温庭筠《菩萨蛮》："水精帘里玻璃枕，暖香惹梦鸳鸯锦。"孙光宪《浣溪沙》："腻粉半黏金靥子，残香犹暖绣薰笼。"宋代洪刍《香谱》卷下"熏香法"条详细介绍了用熏笼熏衣的方法，先在香盘里倒上热水，可以增加衣服的湿度，又可使香味附着时间更长。接着将香炉放在香盘中，点上香饼，用炉灰或薄银碟子盖住香饼，使香处在缓慢燃烧状态。这样熏出的衣服香味数日不散。《云溪友议》卷下记载了一种特别的熏香方法："（元载的妻子）以青紫丝绦四十条，条长三十丈，皆施罗纨绮绣之饰，每条绦下，排金银炉二十枚，皆焚异香，香互其服。"《斜倚熏笼图》和《仕女清娱图册》中都可见熏笼的样式。（图7-3，图7-4）

《太平广记》卷二七二记载三国时期吴主孙亮的四个宠姬使用的百濯香："孙亮作绿琉璃屏风，甚薄而莹澈，每于月下清夜舒之。尝爱宠四姬，皆振古绝色：一名朝姝，二名丽居，三名洛珍，四名洁华。使四人坐屏风内，而外望之，如无隔，唯香气不通于外。为四人合四气香，此香殊方异国所献，凡经岁践蹴宴息之处，香气沾衣，历年弥盛，百浣不歇，因名'百濯香'。或以人名香，故有朝姝、丽居、洛珍、洁华香。"所谓百濯香是多种香料的混合物，香气沾在衣服上，即使清洗也不会消失。

图7-3 明·陈洪绶《斜倚熏笼图》局部（上海博物馆藏）

图7-4 清·喻兰《仕女清娱图册》（自弈）（故宫博物院藏）

《晋书·贾充传》记载了一个和香料有关的传奇爱情故事。贾充是魏晋时期的高官，司马炎在位时官至车骑将军、散骑常侍、尚书仆射，封鲁郡公。贾充手下韩寿，正史中记载"美姿貌，善容止"，任司空掾的职位。贾充有个小女儿叫贾午，每次贾充开宴席时，贾午躲着偷看宴会，看到韩寿一见钟情，非常向往，就让婢女到韩寿那里传话，告知贾午的意思，并说"其女光丽艳逸，端美绝伦。"韩寿心动，晚上便开始行动。史书上说韩寿"劲捷过人，逾垣而至"。韩寿翻墙而过，无人知晓，家里只是觉得小女儿最近相当快乐。当时，西域进贡有奇香，一旦用在身上，一个月都不散掉。皇帝非常珍惜这种香料，只赏赐给贾充和大司马陈骞。贾午悄悄偷了送给韩寿，韩寿的同事在其住处闻到芳香就报告了贾充。贾充这才知道自己的小女儿和韩寿私通的事，但是他不知道家里这么严格的护卫，韩寿是如何进入的，就假称晚上被惊醒，怀疑有盗贼，派人加强巡视。下属报告说没啥特别的，只有东北角似有狐狸一般敏捷跑过。贾充再拷问了女儿的奴婢，知道了真相，便隐秘了这件事，然后将女儿嫁给了韩寿。韩寿后来官至散骑常侍、河南尹，死后追谥为骠骑将军。这个故事说明魏晋时期从西域进入的香料是相当稀罕和珍贵的。

《世说新语·汰侈篇》记载石崇家炫富，侍女环绕，都穿着华丽的服饰，使用甲煎粉、沉香汁等名贵香料。"石崇厕，常有十余婢侍列，皆丽服藻饰，置甲煎粉、沉香汁之属，无不毕备。又与新衣著令出，客多羞不能如厕。"

《旧唐书·后妃传》记载，玄宗每年十月幸华清宫，杨国忠及其姐妹五家的随从，各穿一种颜色的衣服，然后合为一队跟随，一路上"照映如百花之焕发，而遗钿坠舄，瑟瑟珠翠，灿烂芳馥于路"。《新唐书》则说："香闻数十里。"杨家的队伍除了随身佩戴的香料之外，也一路带着香炉焚香。

图 7-5 狻猊炉（选自扬之水著《古诗文名物新证》，紫禁城出版社，2004 年）

图 7-6 宋·狮子香炉（选自扬之水著《古诗文名物新证》，紫禁城出版社，2004 年）

图 7-7 猫戏图（19 世纪）（选自 Michel Beurdeley《Chinese Erotic Art》，Chartwell Books，INC. 1969）

图 7-8 清·陈枚《月曼清游图册·围炉博古》局部（故宫博物院藏）

古代香炉花式繁多，炉盖多做成狮子、莲花、凤等形状，如河南焦作嘉禾屯窖藏出土有汉代的五凤铜香炉，还有西安西郊三印厂十二号唐墓出土的汉代白玉香炉顶盖是狮子形，陕西法门寺出土有唐代的莲花饰顶的银香炉。

宋元时期最常见的香炉有狻猊炉和鸭形炉。在宋词中有大量涉及狻猊形香炉的句子，有金猊、玉猊、宝猊等。狻猊，传说中龙生九子之一，外形如狮子，但头上比狮子多两个角。喜烟好坐，所以常出现在香炉上。《尔雅·释兽》："狻麑如虥猫，食虎豹。"郭璞注："即师子也，出西域。"狮子形香炉也就常被称为狻猊炉。如毛滂《更漏子·熏香曲》："玉狻猊，金叶暖。馥馥香云不断。"《浪淘沙·生日》："香暖狻猊。远山郁秀入双眉。待看碧桃花烂漫，春日迟迟。"卢祖皋《眼儿媚》："余寒逗雨，罗裙无赖，重暖金猊。"曹勋《安平乐·圣节》："正金屋妆成，翠围红绕，香霭高散狻猊。"李清照《凤凰台上忆吹箫》："香冷金猊，被翻红浪，起来人未梳头。"蔡伸《瑞鹤仙》："玉猊香谩爇。叹瓶沉簪断，紫箫声绝。"李弥逊《花心动·七夕》："绮罗人散金猊冷，醉魂到，华胥深处。"（图 7-5 至图 7-8）

鸭形香炉在宋代更加流行，一般作为摆设放在桌案上。宋词中称为香鸭、金鸭、宝鸭、玉鸭，还有脑袋埋在翅膀下的造型，称为睡鸭。如晏殊《诉衷情》："榴花寿酒，金鸭炉香，岁岁长新。"《燕归梁》："金鸭香炉起瑞烟，呈妙舞开筵，阳春一曲动朱弦。"欧阳修《越溪春》："沉麝不烧金鸭冷。笼月照梨花。"晏几道的两首《浣溪沙》："床上银屏几点山。鸭炉香过琐窗寒。小云双枕恨春闲。""绿柳藏乌静掩关。鸭炉香细琐窗闲。那回分袂月初残。"李之仪《春光好》："霜压晓，月收阴。斗寒深。看尽烛花金鸭冷，卷残衾。"黄庭坚《忆帝京·黔州张倅生日》："鸣鸠乳燕春闲暇。化作绿阴槐夏。寿酒舞红裳，睡鸭飘香麝。"《惜余欢·茶词》："歌阑旋烧绛蜡。况漏转铜壶，烟断香鸭。犹整醉中花，借纤手重插。"晁端礼《浣溪沙》："沉水烧残金鸭冷，胭脂匀罢紫绵香，一枝花影上东廊。"郑仅《调笑转踏》："花阴转午漏频移，宝鸭飘帘绣幕垂。"秦观《木兰花》："玉纤慵整银筝雁，红袖时笼金鸭暖。"《玉楼春》："午窗睡起香销鸭。斜倚妆台开镜匣。"《沁园春》："月下金罍，花间玉佩，都化相思一寸灰。愁绝处，又香销宝鸭，灯晕兰煤。"贺铸《江如练·蝶恋花》："睡鸭炉寒熏麝煎，寂寂歌梁，无计留归燕。"谢逸《南歌子》："金鸭香凝袖，铜荷烛映纱。"毛滂《浣溪沙·月夜对梅小酌》："花影烛光相动荡，抱持春色入金觞。鸭炉从冷醉魂香。"《诉衷情·七夕》："短疏萦绿象床低。玉鸭度香迟。"朱敦儒《南乡子》："金鸭卧残薰，看破屏风数泪痕。"周紫芝《秦楼月》："看看又是，黄昏时节，无言独自添香鸭。"从清代小说插图中可以看到，宋代至明代，鸭形香炉应该是闺房中的常备之物。（图7-9，图7-10）

图7-9 明·《琵琶记》插图

图7-10 清·喻兰《仕女清娱图册》（吹箫）（故宫博物院藏）

第二节 龙脑移香凤辇留

唐代段成式撰《西阳杂俎》前集卷一记载，天宝末年，交趾（位于今越南北部）进贡龙脑，如蝉蚕形。波斯人说老龙脑树节才有这种香料，宫里称为瑞龙脑。唐玄宗赐给杨贵妃十枚，香气十多步开外就可以闻到。一次，玄宗与人下棋，让贺怀智独奏琵琶，杨贵妃则在边上观棋。玄宗眼看要输棋，杨贵妃放康国进贡的猧子（一种小型长毛狗）在座侧，猧子爬到棋盘上，棋局大乱，玄宗大喜。这时，风把贵妃领巾吹到贺怀智幞头上好一会儿，回身时方才落下。贺怀智回去后只觉满身香气，就把幞头贮在锦囊中留念。直到安史之乱基本平复，玄宗（此时的玄宗已经是太上皇，在位的皇帝是唐肃宗）回到长安，非常思念杨贵妃。贺怀智把他所珍藏的那个幞头进献给玄宗，说了那天下棋时发生的事。太上皇打开锦囊，流泪说："这是瑞龙脑的香气啊。"唐末诗人黄滔作诗《马嵬二首》记述了这段令人唏嘘不已的故事："铁马嘶风一渡河，泪珠零便作惊波。鸣泉亦感上皇意，流下陇头呜咽多。""龙脑移香凤辇留，可能千古永悠悠。夜台若使香魂在，应作烟花出陇头。"杨贵妃已经香消殒灭，只留下龙脑香勾起玄宗的无尽思念。

龙脑香在唐宋时期是一种非常珍贵的香料，称为龙脑、瑞龙脑或龙香，《西阳杂俎》前集卷一八记载："龙脑香树，出婆利国，呼为固不婆律。亦出波斯国。树高八九丈，大可六七围。叶圆而背白，无花实。其树有肥有瘦，瘦者有婆律膏香。一曰瘦者出龙脑香，肥者出婆律膏也。香在木心，中断其树，劈取之，膏于树端流出，斫树作坎而承之。入药用，别有法。"香料在树心，把树截断劈开，树的汁液从上端流下，可以在树上挖个坎来承接汁液。

唐五代时期的诗人和宋代词人在诗词中多处提及龙脑

香。如唐代长孙佐辅《相和歌辞·宫怨》："看笼不记熏龙脑，咏扇空曾秃鼠须。"戴叔伦《早春曲》："博山吹云龙脑香，铜壶滴愁更漏长。"王建《送郑权尚书南海》："戍头龙脑铺，关口象牙堆。"刘禹锡《同乐天和微之深春二十首》其六："炉添龙脑炷，绶结虎头花。"李贺《春怀引》："宝枕垂云选春梦，钿合碧寒龙脑冻。"《嘲少年》："青骢马肥金鞍光，龙脑入缕罗衫香。"薛能《吴姬十首》其六："取次衣裳尽带珠，别添龙脑裹罗襦。"段成式《戏高侍御七首》其四："欲熏罗荐嫌龙脑，须为寻求石叶香。"陆龟蒙《奉和袭美夏景无事因怀章来二上人次韵》："高杉自欲生龙脑，小弁谁能寄鹿胎。"五代花蕊夫人《宫词》："青锦地衣红绣毯，尽铺龙脑郁金香。"

宋代李清照《浣溪沙》："玉鸭熏炉闲瑞脑，朱樱斗帐掩流苏。"宋代周密《武林旧事》记宋高宗幸张俊王府，张俊准备御筵，"缕金香药一行"就有脑子花儿、甘草花儿、朱砂圆子、木香丁香、水龙脑等。

小说故事里，龙脑往往会和仙人搭上一点关系。《太平广记》卷六八有另类织女的故事，说的是太原郭翰年轻帅气，口才好、书法好，并且单身。一个月光皎洁的晚上，郭翰在庭院中躺着，忽然闻到一股香气，越来越浓，惊奇地向上看，看到一位少女从天而降，明艳绝代，光彩溢目。她的两位侍女也非常漂亮。郭翰纳头便拜，少女微笑说她是天上的织女。上帝体恤她孤独寂寞，允许她到凡间寻找爱情。然后他们就成为夫妻。当然最终的结局还是天人永隔，织女被迫回到天上。其中描写织女和郭翰缠绵时，织女"衬体轻红绡衣，似小香囊，气盈一室。有同心龙脑之枕，覆双缕鸳文之衾。"枕头中有龙脑香，而最初郭翰闻到的那股香气大致也来自龙脑。

《太平广记》卷二三七有关于同昌公主奢侈的故事，同昌公主是唐懿宗的女儿。所乘七宝步辇，四角缀五色锦香囊。囊中装着辟邪香、瑞麟香、金凤香，都是由他国进贡。香料中混合着龙脑金屑，雕刻水晶、玛瑙、辟尘犀为龙凤花木状。上面缀着真珠玳瑁，用全丝为流苏，轻玉雕刻作为各种装饰。每次出游，街巷都能闻到香味，阳光照射在金玉器上，观看的人眼睛看花了。当时有宦官到广化旗亭喝酒，忽然说："哪来的香气？太奇怪了！"同席的说："难道不是龙脑吗？"宦官说："不是。我从小就在嫔妃宫中服侍，常闻到这种香气。现在的这个香气不知哪里来的。"就问卖酒的，卖酒的说："公主的马夫，用一件锦衣抵押买酒，衣服在这里呢。"宦官和周围的人看到这衣服，都对这衣服上不断散发出来的香气赞叹不已。

唐懿宗时期还有人用龙脑香伪造身份进行诈骗活动。《太平广记》卷二三八记载了这么个故事：唐懿宗常私服暗访寺观。民间有骗子听说大安国寺有江淮进奏官寄存吴绫千匹，就召集了一帮人，找了其中一个长得像皇帝的，穿上便衣，衣服上用龙脑等香料熏过，带了两三个仆人，到了大安国寺。这时来了两个乞丐，假皇帝就施舍了点钱给他们。一会儿来了很多乞丐，这钱就不够给了。假皇帝就问院僧，这庙里有没有什么东西可以借给我施舍的。僧人犹豫的时候，仆人向僧人连使眼色，意指这是皇上。僧人赶忙说："柜子内有千匹绫子，都由您支配。"假皇帝就把这些绫子都送给乞丐了。仆人对僧人说："明天早上来朝门相见，我引你入内，保证赏赐你的不会少。"第二天僧人去朝门，啥都没等着，才知道昨天的皇帝和群丐都是骗子。骗子也知道身上要熏龙脑香才符合皇帝的身份。

唐代皇帝在行幸之前，会用龙脑香铺地。如《旧唐书》本纪第一八下记载"旧时人主所行，黄门先以龙脑、郁金藉地，上悉命去之"。唐宣宗崇尚简朴，去掉了这个程序。宋代庞元英《文昌杂录》卷三说："唐宫中每有行幸，即以龙脑、郁金布地。至宣宗，性尚俭素，始命去之。方唐盛时，其侈丽如此。"

《太平广记》卷二七二记载了唐敬宗宝历二年，浙东进贡舞女二人，名叫飞燕和轻风，他们身体散发着浓浓的香气，吃的多是荔枝与香榧以及金屑龙脑之类，冬天不穿棉衣，夏天不流汗。"每夜歌舞一发，如鸾凤之音，百鸟莫不翔集其上，及于庭际。"每次唱完，就把他们藏到金屋宝帐，唯恐风吹日晒到他们。这个故事有点玄乎，不知道吃香料是不是和身体散发香气有必然关系。另外《清异录·风流箭》记载说，"宝历中，帝（唐敬宗）造纸箭、竹皮弓，纸间密贮龙、麝末香。每宫嫔群聚，帝躬射之，中者浓香触体，了无痛楚。宫中名'风流箭'，为之语曰：'风流箭，中的人人愿。'"宫里玩的游戏相当异类，将龙脑和麝香藏于纸箭上，射中便有浓香溢出。

北宋张邦基《墨庄漫录》卷一记载宫中用孔雀毛做扫帚，用来收集皇帝临幸前铺到地上的龙脑："孔雀毛着龙脑则相缀，禁中以翠羽作帚，每幸诸阁，掷龙脑以避秽，过，则以翠羽扫之，皆聚，无有遗者。亦若磁石引针，琥珀拾芥，物类相感然也。"

和"龙"沾上关系的香还有另外一个著名品种——龙涎香。唐代关于龙涎香的记载还不多见，但到了宋代，关于龙涎香的文字则多了起来。当然，能用得起龙涎香的也只有富贵人家，龙涎香在任何年代都绝对是奢侈品。

唐代苏鹗所撰《杜阳杂编》卷下记载了同昌公主用龙涎为众人消暑的事迹："一日大会韦氏之族于广化里，玉馔俱列，暑气将甚，公主命取澄水帛，以水蘸之，挂于南轩，良久，满座皆思挟纩"。澄水帛，长八九尺，似布而细，明薄可鉴，云其中有龙涎，故能消暑也。"

宋代蔡绦《铁围山丛谈》卷五记述了奉宸库中收藏的龙涎香："奉宸库者，祖宗之珍藏也。政和四年，太上始自揽权纲，不欲付诸臣下，因踵艺祖故事，检察内诸司。于是乘舆御马，而从以杖直手焉，大内中诸司局大骇惧，凡数日而止。因是，并奉宸俱入内藏库。时于奉宸中得龙涎香二，琉璃缶、玻璃母二大筐。玻璃母者，若今之铁滓，然块大小犹儿拳，人莫知其方。又岁久无籍，且不知其所从来。或云柴世宗显德间大食所贡，又谓真庙朝物也。玻璃母，诸珰以意用火煅而模写之，但能作珂子状，青红黄白随其色，而不克自必也。香则多分赐大臣近侍，其模制甚大而质古，外视不大佳。每以一豆火爇之，辄作异花气，芬郁满座，终日略不歇。于是太上大奇之，命籍被赐者，随数多寡，复收取以归中禁，因号曰'古龙涎'。为贵也，诸大珰争取一饼，可直百缗，金玉穴，而以青丝贯之，佩于颈，时于衣领间摩挲以相示，坐此遂作佩香焉。今佩香因古龙涎始也。"

宋词里多有龙涎香的描写。无名氏所作《采桑子》："新妆不假施朱粉，雪月交光。欲赠东皇。冷淡龙涎点点香。"无名氏所作《玉楼春·蜡梅》："腊前先报东君信。清似龙涎香得润。黄轻不肯整齐开，比着红梅仍旧韵。"无名氏所作《侍香金童》："宝台蒙绣，瑞兽高三尺。玉殿无风烟自直。逦迤传杯盈绮席。苒苒菲菲，断处凝碧。是龙涎凤髓，恼人情意极。"

宋代赵长卿词《菩萨蛮·残春》描绘了因为醉酒而晚起的女子用金鸭炉烧龙涎香的场景："杨花飞尽莺声涩。杜鹃唤得春归急。病酒起来迟。娇慵懒画眉。宝奁金鸭冷。重唤烧香饼。著意炼龙涎。纤纤手逴烟。"宋代的龙涎香一般是做成香饼放到香炉里烧的。再如张半湖词《满江红·夏》："鲛绡扇，轻轻举。龙涎饼，微微炷。向水晶宫里，坐消祥暑。"

夏天烧着龙涎饼香，扇着扇子，简直就是在水晶宫里消暑。元代张鸣善的散曲《水仙子·讥时》描写了用狻猊炉烧龙涎香的场景："鹧鸪词香飘凤笺，狻猊炉烟袅龙涎。"

宋代有专门歌咏龙涎香的词牌——天香。不少词人以此为主题写过赋龙涎香的词。如唐艺孙所作《天香·宛委山房拟赋龙涎香》："螺甲磨星，犀株杵月，蕤英嫩压拖水。海蜃楼高，仙娥钿小，缥缈结成心字。麝煤候暖，载一朵、轻云不起。银叶初生薄晕，金猊旋翻纤指。芳杯恼人渐醉。碾微馨、凤团闲试。满架舞红都换，懒收珠佩。几片菱花镜里，更摘索双鬟伴秋睡。早是新凉，重薰翠被。"

李居仁所作《天香·宛委山房拟赋龙涎香》："瀛峤浮烟，沧波挂月，潜虬睡起清晓。万里槎程，一番花信，付与露薇冰脑。纤云渐暖，凝翠席、氤氲不了。银叶重调火活，珠帘日垂风悄。螺屏酒醒梦好。绣罗帱、依旧痕少。几度试拈心字，暗惊芳抱。隐约仙舟路杳，谩佩影玲珑护娇小。素手金簪，春情未老。"

王易简所作《天香·宛委山房拟赋龙涎香》："烟峤收痕，云沙拥沫，孤槎万里春聚。蜡杵冰尘，水研花片，带得海山风露。纤痕透晓，银镂小、初浮一缕。重剪纱窗暗烛，深垂绣帘微雨。余馨恼人最苦。染罗衣、少年情绪。谩省佩珠曾解，蕙羞兰妒。好是芳钿翠妩。恨素被浓熏梦无据。待剪秋云，殷勤寄与。"

这三首词的基本结构都是上阕描述龙涎香的来处和样子，下阕描写人的活动和情绪。词的开始都是说海景，说明龙涎香是来自海上，描述龙涎香是一种如冰样的蜡状固体。"心字"、"杵"、"尘"等是指龙涎香制成的形状。

古人对龙涎香的来源充满猜想，如其名，多认为是龙的口水所凝结。宋代张世南《游宦纪闻》卷七记载了关于龙涎香的三种传说，第一种说法是："诸香中，'龙涎'最贵重，广州市直，每两不下百千，次等亦五、六十千，系蕃中禁榷之物，出大食国。近海傍常有云气罩山间，即知有龙睡其下。或半载，或二、三载，土人更相守视。俟云散，则知龙已去，往观必得'龙涎'，或五、七两，或十余两，视所守人多寡均给之。"第二种说法："大洋海中有涡旋处，龙在下。涌出其涎，为太阳所烁则成片，为风飘至岸，人则取之纳官。予尝叩泉广合香人，云：'龙涎入香，能收敛脑麝气，虽经数十年，香味仍在。'《岭外杂记》所载，龙涎出大食。西海多龙，枕石一睡，涎沫浮水，积而能坚，鲛人采之，以为至宝。新者色白，稍久则紫，甚久则黑。""白者如百药，煎而腻理，黑者亚之，如五灵脂而光泽。其气近于臊，似浮石而轻。或云，异香，或云，气腥能发众香气，皆非也。于香本无损益，但能聚烟耳。和香而用真龙涎，焚之，则翠烟浮空，结而不散，坐客可用一翦以分烟缕。所以然者，蜃气楼台之余烈也。"第三种说法："龙出没于海上，吐出涎沫有三品：一曰'泛水'，二曰'渗沙'，三曰'鱼食'。'泛水'轻浮水面，善水者，伺龙出没，随而取之。'渗沙'乃被涛浪飘泊洲屿，凝积多年，风雨浸淫，气味尽渗于沙中。'鱼食'乃因龙吐涎，鱼竞食之，复化作粪，散于沙碛，其气腥秽。惟'泛水'者可入香用，余二者不堪。"

龙涎香实际是抹香鲸的排泄物，当抹香鲸吃下一些软体动物后，一些硬质的东西，如牙齿等留在消化道里，刺激肠道分泌出一种蜡状物，将异物包裹，这种蜡状物就是龙涎香。多数抹香鲸会将其排入海中，刚排出的龙涎香是浅黑色，在海水浸泡下会逐渐成为灰色直到变成白色，这个过程会持续百年以上。所以最贵重的是白色龙涎香。香料公司将龙涎香分级后，磨成粉末并溶解在酒精中，配成低浓度的龙涎香液用来配制香水，或作定香剂使用。当今的市场上，龙涎香的价格非常昂贵，基本与黄金等价。据说，1955 年，一位新西兰人在海滩上捡到一块重 7 公斤的灰色龙涎香，卖了两万六千美元。

南宋洪迈撰志怪小说《夷坚丁志》卷九记载南宋隆兴年间，国都临安（今杭州市）出现伪制的龙涎香："许道寿者，本建康道士。后还为民，居临安太庙前，以鬻香为业。仿广州造龙涎诸香，虽沉麝笺檀，亦大半作伪。其母寡居久，忽如妊娠，一产二物，身成小儿形，而头一为猫、一为鸦，恶而杀之。数日间母子皆死，时隆兴元年。"

第三节　翡翠被重苏合熏

相比较前文所述的龙脑、龙涎，苏合香、沉香、蔷薇水等则更大众化一些，苏合香一般认为是有确切文字记载的最早进入中国的外来香料。虽然中国在商周时期就开始使用香料，但所用香料还是以具有香味的花草为主。真正能够用于制作熏香或香料的材料多产于热带地区，因此黄河和长江流域使用的香料主要依靠输入。如唐代的外来香料就有苏合香、沉香、安息香、爪哇香、乳香、丁香、青木香、蔷薇水、郁金香、阿末香等等。据《全后汉文》卷二五记载，东汉时侍中窦宪委托班超购买苏合香："窦侍中令载杂彩七百匹、白素三百匹，欲以市月氏马、苏合香。"《后汉书》说："出大秦国。"《本草纲目》卷三四引宋代叶廷珪《香谱》："苏合香油，出大食国，气味大抵类笃耨香。"古代文献记载说出于大秦国没错，因为当时古罗马的商人带进来香料，国人自然认为是大秦的产品。

苏合香是苏合香树所分泌的树脂。苏合香树分布于非洲、南亚和东南亚等地。采制苏合香的方式大致是在初夏将树皮割破，让香树脂渗入树皮内。秋季剥下树皮，榨取香树脂，榨出的香脂即为苏合香。

《太平御览》卷九八二"苏合"条：《续汉书》曰：大秦国，合诸香煎其汁，谓之苏合。《梁书》曰：中天竺国出苏合，是诸香汁煎之，非自然一物也。又云：大秦人采苏合，先笮其汁，以为香膏，乃卖其滓与诸国贾人。是以辗转来达中国，不大香也。《傅子》曰：西国胡人言：苏合，香兽便也。中国皆以为怪。《从征记》曰：刘表家在高平郡。表子捣四方珍香数十斛置棺中，苏合消疫之香毕备。永嘉中，郡人发其墓，表如生，香闻数十里。《广志》曰：苏合出大秦。或云：苏合，国人采之，笮其汁，以为香膏，卖滓与贾客。或云：合诸香草，煎为苏合，非自然一种也。"

南朝刘孝威的《赋得香出衣诗》对苏合的香味作了夸张描写："香出衣，步近气逾飞。博山登高用邺锦，含情动扊比洛妃。香缕麝带逢金缕，琼花玉胜缀珠徽。苏合故年微恨歇，都梁路远恐非新。犹贤汉君芳千里，尚笑荀令止三旬。"诗中说苏合香熏过的衣服，隔年其香味只有少许减弱。都梁香薰过的衣服，走一点路香味就淡了。南朝江总《闺怨诗》描写了苏合香衬托出的闺阁寂寞景象："池上鸳鸯不独自，帐中苏合还空然。"

唐代关于苏合香的诗句颇多，如李百药《笙赋》："苏合薰兮龙烛华，连理解兮鸳枕粲。"吴少微的《古意》："北林朝日锦明光，南国微风苏合香。可怜窈窕女，不作邯郸娟。"阎德隐的《薛王花烛行》："玉盘错落银灯照，珠帐玲珑宝扇开。……金炉半夜起氛氲，翡翠被重苏合熏。"李白的《捣衣篇》："横垂宝幄同心结，半拂琼筵苏合香。琼筵宝幄连枝锦，灯烛荧荧照孤寝。"白居易《裴常侍以题蔷薇架十八韵见示因广为三十韵以和之》："胭脂含脸笑，苏合裹衣香。"《太平御览》卷四七八录有傅玄《四愁诗》："佳人赠我苏合香，何以要之翠鸳鸯。"

苏合也是唐代舞乐之名，乃新乐、盘涉调，属大曲。跳舞者以苏合药草为甲胄，故此得名。

《太平御览》卷三五九，司马彪《战略》记载用苏合香作为暗语之一："孟达将蜀兵数百降魏。魏文帝以达为新城太守。太和元年，诸葛亮从成都到汉中，达又欲应亮。遗亮玉玦、织成、障汗、苏合香。亮使郭模诈降过魏兴。太守申仪与达有隙，摸语仪亮言：玉玦者，事已决；织成者，言谋已成；苏合香者，言事已合。"

汉代伶玄《飞燕外传》："后浴五蕴七香汤，踞通香沉水坐，坐燎降神百蕴香。昭仪浴豆蔻汤，傅露华百英粉。帝尝私语樊嬺曰：'后虽有异香，不若昭仪体自香也。'"《飞燕外传》疑为唐宋人伪作。清代沈可培撰《比红儿诗注》也引《飞燕外传》："赵后飞燕之父冯万金，通于江都中尉赵曼之妻。曼妻，江都王孙女姑苏主也。有娠，一产二女，长曰宜主，次合德，皆冒姓赵。宜主即飞燕，合德新沐，膏九曲沉水香为卷发，号新髻。为薄眉，号远山黛。施小朱，号慵来妆。衣故短，绣裙小袖。"这里所说的沉水香就是沉香，在诗词中也写作"沉水"、"沈水"等。如宋代何梦桂《贺新郎·三用韵寄旧宫怨》："欲拨金猊添沉水，病力厌厌不任。"

《太平广记》卷二三六记载了唐初的一个故事。唐贞观初年，天下安定，百姓富足，政局平稳。除夕夜，唐太宗李世民在宫廷办庆祝活动，灯火通明，处处布置得富丽堂皇。后妃嫔御都是盛装打扮。廷上盛宴，有歌舞音乐。李世民将隋炀帝的皇后萧后请来一起观赏。一曲结束后李世民问萧后："你说我这排场和隋炀帝比怎么样。"萧后笑而不答。唐太宗坚决要萧后回答，萧后说："隋炀帝乃亡国之君，陛下是开基之主，奢俭之事实在不同啊！"太宗曰："那隋炀帝如何奢侈呢？"萧后说："隋炀帝享国十有余年，我一直在旁边伺候，见其淫侈。隋主每当除夕夜，殿前诸院，焚烧沉香木根，设火山数十坐，每一山焚沉香数车。火光如果暗，就用甲煎浇在上边，火焰腾起数丈。沉香甲煎之香数十里内都可以闻到。一夜之中用沉香二百余乘，甲煎二百石。还有殿内房中，不燃膏火，悬挂一百二十颗大夜明珠照明，如白天一般。又有明月宝夜光珠，大者六七寸，小者也有三寸。一珠之价，直数千万。妾观陛下所施，都无此物。殿前所焚，尽是柴木。殿内所烛，皆是膏油。但乍觉烟气薰人，实未见其华丽。然亡国之事，亦愿陛下远之。"太宗良久不言。口刺其奢，而心服其盛。《太平广记》还记载玄宗幸华清宫，在洗澡水中"垒瑟瑟及沉香为山，以状瀛洲方丈"。

沉香主要出产于我国南方和东南亚地区。《太平御览》卷九八二引《南州异物志》："沉水香，出日南。欲取，当先斫坏树着地，积久外皮朽烂，其心至坚者，置水则沉，名沉香。其次在心白之间，不甚坚精，置之水中，不沉不浮，与水面平者，名曰栈香。其最小粗白者，名曰椠香。"《南州异物志》为三国时吴国的万震所撰，是关于沉香比较早的记载。

宋代蔡绦《铁围山丛谈》卷五记载："香木，初一种也。膏脉贯溢，则其结沉水香。然沉水香其类有四：谓之'熟结'，自然其间凝实者也；谓之'脱落'，因木朽而解者也；谓之'生结'，人以刀斧伤之，而后膏脉聚焉，故言生结也；谓之'蛊漏'，虫啮而后膏脉亦聚焉，故言蛊漏也。自然、脱落为上，而其气和；生结、蛊漏，则其气烈，斯为下矣。沉水香过四者外，则有半结、半不结，为灵水沉。弄水香者，番语'多婆菜'者是也。因其半结，则实而色重；半不结，则不大实而色褐，好事者故谓之'鹧鸪斑'也。婆菜中则复有名花盘斯、水盘斯，结实厚者，亦近乎沉水。但香木被伐，其根盘必有膏脉涌溢，故亦结。但数为水淫，其气颇腥烈，故婆菜中水盘斯为下矣。余虽有香气，既不大凝实，若是一品，号为'笺香'。大凡沉水、婆菜、笺香，此三名常出于一种，而每自高下，其品类名号为多尔，不谓沉水、婆菜、笺香各别香种也。三者其产占城国则不若真腊国，真腊国则不若海南，诸黎洞又皆不若万安、吉阳两军之间黎母山。至是为冠绝天下之香，无能及之矣。又海北则有高、化二郡，亦出香，然无是三者之别，第为一种，类笺之上者。吾久处夷中，厌闻沉水香，况迩者贵游取之，多海南真水沉，一星直一万，居贫贱，安得之？因乃喜海北香。若淩水地号'瓦灶'者为上，地号'浪滩'者为中，时时择其高胜。爇一炷，其香味浅短，乃更作，花气百和旖旎。"

宋代赵汝适《诸蕃志》卷下载："沉香所出非一，真腊为上，占城次之，三佛齐、阇婆等为下。"

还有一种古代常用的香料——乳香，又叫薰陆香。宋代洪刍《香谱》引《广志》记："即南海波斯国松树脂，有紫赤樱桃者，名乳香。盖薰陆之类也。"沈括的《梦溪笔谈》卷二六也肯定薰陆香即乳香："薰陆即乳香也，本名薰陆。以其滴下如乳头者，谓之'乳头香'；镕塌在地上者，谓之'塌香'。如腊茶之有滴乳、白乳之品，岂可各是一物？"《本草纲目》卷三四引《南方异物志》记："薰陆出大秦国，在海边，有大树，枝叶正如古松，生于沙中，盛夏木胶流出沙上，状如桃胶，夷人采取卖与商贾，若商贾不至，则自食之。"《太平御览》卷九八二引《广志》记："薰陆出交州，又，大秦海边人采与贾人易谷，若无贾人，取食之。"

谢弗《唐代的外来文明》第十章中认为："乳香是一种南阿拉伯树以及与这种树有亲缘关系的一种索马里树产出的

树脂。这种树脂在中国以两种名称知名，一种可以追溯到公元前3世纪，是从梵文'kunduruka'翻译来的'薰陆'。这种树脂的另外一种名称是形容其特有的乳房状的外形的，这个名称叫做'乳香'。"

《隋书》卷八三《西域传》记："波斯国，都达曷水之西苏蔺城，即条支之故地也……土多良马、大驴……薰陆、郁金、苏合、青木等诸香。"

宋代陈深有一首词《西江月·制香》："龙沫流芳旋旎，犀沉锯削霏霏。薇心玉露练香泥。压尽人间花气。银叶初温火缓，金猊静袅烟微。此时清赏只心知。难向人前举似。"记述了龙涎香、沉香以及用蔷薇心炼制的玉露。这种玉露在唐代是一种称为"蔷薇露"的香水，一直到宋元都在使用。唐代冯贽《云仙杂记》卷六载：柳宗元收到韩愈所寄的诗时，"先以蔷薇露灌手，薰玉蕤香，后发读。曰：'大雅之文，正当如是。'"

唐代张泌《妆楼记》载："周显德五年，昆明国献蔷薇水十五瓶，云得自西域，以洒衣，衣敝而香不灭。"

《铁围山丛谈》卷五记载："旧说蔷薇水，乃外国采蔷薇花上露水，殆不然。实用白金为甑，采蔷薇花蒸气成水，则屡采屡蒸，积而为香，此所以不败。但异域蔷薇花气，馨烈非常。故大食国蔷薇水虽贮琉璃缶中，蜡密封其外，然香犹透彻，闻数十步，洒著人衣袂，经十数日不歇也。至五羊效外国造香，则不能得蔷薇，第取素馨茉莉花为之，亦足袭人鼻观，但视大食国真蔷薇水，犹奴尔。"宋代国人用茉莉仿制的蔷薇露香气远不如进口货。

元代，蔷薇露依旧是常用化妆品。元代乔吉所作杂剧《玉箫女两世姻缘》第二折有："【后庭花】想着他和蔷薇花露清，点胭脂红蜡冷，整花朵心偏耐，画蛾眉手惯轻，梳洗罢将玉肩并，恰似对鸳鸯交颈。到如今玉肌骨减了九停，粉香消没了半星，空凝盼秋水横，甚心情将云鬓整。骨岩岩瘦不胜，闷恹恹扮不成。"于伯渊所作散曲《套数·仙吕·点绛唇》有："【混江龙】七宝妆奁明彩钿，一帘香雾袅薰笼；慢卷起金花孔雀，锦屏开绿水芙蓉。鸦翅袒金蝉半妥，翠云偏朱凤斜松，眉儿扫杨柳双弯浅碧，口儿点樱桃一颗娇红；眼如珠光摇秋水，脸如莲花笑春风。鸾钗插花枝蹀躞，凤翘悬珠翠玲珑；胭脂蜡红腻锦犀盒，蔷薇露滴注玻璃瓮。端详了艳质，出落着春工。"

收录于《四库全书》的《钦定佩文斋广群芳谱》卷四二记载："蔷薇露出大食国、占城国、爪哇国、回回国，番名阿剌吉。洒衣，经岁其香不歇。能疗人心疾，不独调粉为妇人面饰而已。"说明蔷薇露主要是用来调粉上妆。关汉卿在《钱大尹智宠谢天香》第四折中将此描述得很清楚："送的那水护衣为头，先使了熬麸浆细香澡豆，暖的那温汩清手面轻揉，打底乾南定粉把蔷薇露和就，破开那苏合香油，我嫌棘针梢燎的来油臭。"

很多宋词提及蔷薇水，如毛滂《蝶恋花·欹枕》："初换夹衣围翠被。蔷薇水润衠香腻。"王安中《蝶恋花·高奇是蜡梅》："百和薰肌香旖旎，仙裳应渍蔷薇水。"向子諲《生查子·绍兴戊午姑苏郡斋怀归赋》："我爱木中犀，不是凡花数。清似水沉香，色染蔷薇露。"李处全《菩萨蛮·菊花》："更渍蔷薇露，莫取落英餐。"王炎《朝中措·九月末水仙开》："蔷薇露染玉肌肤，欲试缕金衣。一种出尘态度，偏宜月伴风随。"权无染《南歌子》："一点檀心紫，千重粉翅光。蔷薇水浸淡鹅黄。别是一般风韵、断人肠。"朱埴《点绛唇》："绣被鸳鸯，宝香熏透蔷薇水。"

张孝祥《风入松·蜡梅》："玉妃孤艳照冰霜。初试道家妆。素衣嫌怕姮娥妒，染成宫样鹅黄。宫额娇涂飞燕，缕金愁立秋娘。湘罗百濯蹙香囊。蔷薇水蘸檀心紫，郁金薰染浓香。葶绿轻移云袜，华清低舞霓裳。"该首词提到装有百濯香的香囊，蔷薇水还有郁金香。百濯香是指多种香料的混合物，也称百合香，如王筠《行路难》诗有："已缲一茧催衣缕，复捣百和裛衣香。"

郁金香也是常用的香料，唐诗中有很多处提到郁金香，如卢照邻《长安古意》："双燕双飞绕画梁，罗帏翠被郁金香。"沈佺期《李员外秦授宅观妓》："玉钗翠羽饰，罗袖郁金香。"白居易《卢侍御小妓乞诗座上留赠》曰："郁金香汗裛歌巾，山石榴花染舞裙。"杜牧《偶呈郑先辈》："不语亭亭俨薄妆，画裙双凤郁金香。"段成式《柔卿解籍戏呈飞卿三首》其三："郁金种得花茸细，添入春衫领里香。"张泌《南歌子》："锦荐红鸂鶒，罗衣绣凤皇。绮疏飘雪北风狂，帘幕尽垂无事，郁金香。"刘希夷《公子行》："娼家美女郁金香，飞来飞去公子傍。"韩偓《五更》："往年曾约郁金床，半夜潜身入洞房。怀里不知金钿落，暗中唯觉绣鞋香。"王建《宫词一百首》："水中芹叶土中花，拾得还将避众家。总待别人般数尽，袖中拈出郁金芽。"

唐代张文成《游仙窟·又赠十娘》诗曰："薰香四面合，光色两边披。……相看未相识，倾城复倾国。迎风帔子郁金香，照日裙裾石榴色。"冯贽《云仙杂记》卷一记载："周光禄诸妓，掠鬓用郁金油，傅面用龙消粉，染衣以沉香水。月终，人赏金凤凰一只。"

第四节　香药

唐宋时期用香料加工的化妆品名目繁多，如面药、面脂、香粉、发膏、内服的香丸、香汤等等。如杜甫《腊日》诗中有："口脂面药随恩泽，翠管银罂下九霄。"唐德宗时吕颂《谢敕书赐腊日香药口脂等表》写道："臣某言：中使某至，奉宣圣旨，赐臣腊日香药口脂等。宸私曲被，殊赐荐加，祗奉恩荣，荷戴惶灼，臣某中谢。"唐玄宗时张九龄《谢赐香药面脂表》："臣某言：某至，宣敕旨，赐臣裹衣香、面脂，及小通、中散等药。"唐肃宗时邵说《为郭令公谢腊日赐香药表》感谢皇帝赐"香药金花银合子两枚，面脂一盒，裹香二袋，澡豆一袋"。

香料制成的化妆品在古代是作为药方使用的，如熏衣方、面药等大多记载在中医书籍中。

1、熏衣方

熏衣、熏被，是将调制好的香料放置在熏笼中并点燃，或闷于炉灰中，使其缓慢燃烧，将衣被置于笼上。熏衣方有很多种，记载于《肘后备急方》《备急千金要方》《外台秘要》等药书中，唐代以后的相关记载大抵不出这些香方左右。

东晋葛洪《肘后备急方》卷六记载了"六味熏衣香方"："沉香一片，麝香一两，苏合香，蜜涂微火炙，少令变色。白胶香一两，捣沉香令破如大豆粒，丁香一两，亦别捣，令作三两段，捣余香讫，蜜和为炷，烧之。若熏衣着半两许，又藿香一两，佳。"

唐代孙思邈《备急千金要方》卷六上"口病第三"有"熏衣香方"："鸡骨煎香、零陵香、丁香、青桂皮、青木香、枫香、郁金香（各三两）、薰陆香、甲香、苏合香、甘松香（各二两）、沉水香（五两）、雀头香、藿香、白檀香、安息香、艾纳香（各一两）、麝香（半两）。上十八味为末，蜜二升半煮肥枣四十枚，令烂熟，以手痛搦，令烂如粥，以生布绞去滓，用和香干湿如捼挱，捣五百杵，成丸，密封七日乃用之，以微火烧之，以盆水内笼下，以杀火气，不尔，必有焦气也。"又方："沉香、煎香（各五两）、雀头香、藿香、丁子香（各一两）。上五味治下筛，内麝香末半两，粗罗，临熏衣时，蜜和用。"又方："兜娄婆香、薰陆香、沉香、檀香、煎香、甘松香、零陵香、藿香（各一两）、丁香（十八铢）、苜蓿香（二两）、枣肉（八两）。上十一味粗下，合枣肉总捣，量加蜜，和用之。"

《备急千金要方》卷六上"口病第三""湿香方"记："沉香（二斤七两九铢）、甘松、檀香、雀头香（一作藿香）、甲香、丁香、零陵香、鸡骨煎香（各三两九铢）、麝香（二两九铢）、薰陆香（三两六铢）。上十味为末，临时用以蜜和，预和味歇不中。"又方："沉香（三两）、零陵香、煎香、麝香（各一两半）、甲香、檀香（各三铢）、薰陆香、甘松香（各六铢）、（三铢）、藿香、丁子香（各半两）。上十味粗下筛，蜜和，用熏衣时瓶盛，埋之久窨佳。"

《备急千金要方》卷六上"口病第三""百合香""通道俗用者方"："沉水香（五两）、甲香、丁子香、鸡骨香、兜娄婆香（各三两）、薰陆香、白檀香、熟捷香、炭末（各二两）、零陵香、藿香、青桂皮、白渐香（柴也）、青木香、甘松香（各一两）、雀头香、苏合香、安息香、麝香、燕香（各半两）。上二十味为末，酒洒令软，再宿酒气歇，以白蜜和，内瓷器中，蜡纸封，勿令气泄，冬月开取用，大佳。"

唐代王焘撰《外台秘要》第三二卷记载了五个薰衣湿香方："《千金》湿香方：沉香（三分）、筏香、零陵香、麝香（各六分）、薰陆香（一分）、丁子香（二分）、甲香（半分，以水洗、熬）、甘松香（二分）、檀香（一分）、藿香（二分）。上十味，粗捣下筛，蜜和，瓦烧之，为湿香熏衣（出第六卷中）。"《千金翼》衣湿香方：薰陆香（八两）、詹糖香（五

179

两）、览探、藿香（各三两）、甲香（二两）、青桂皮（五两）。上六味，先取硬者，黏湿难碎者各别捣，或细切、咬咀，使如黍粟，然后二薄布于盘上，自余别捣，亦别于其上。有顷筛下者，以纱，不得太细。别煎蜜，就盘上以手搜搦，令匀，后乃捣之，燥湿必须调适，不得过度，太燥则难丸，太湿则难烧，易尽则香气不发，难尽则烟多，烟多则唯有焦臭，无复芬芳，是故香须粗细燥湿合度，蜜与香相称，火又须微，使香与绿烟共尽（出第五卷中）。"

"《备急》六味薰衣香方：沉香、麝香（一两）、苏合香（一两半）、丁香（二两）、甲香（一两，酒洗，蜜涂，微炙）、白胶香（一两）。上六味药捣沉香令碎如大豆粒，丁香亦捣余香讫，蜜丸烧之，若薰衣加艾纳香半两佳。"又方："沉香（九两）、白檀香（一两）、麝香（二两并和捣）、丁香（一两二铢）、苏合香（一两）、甲香（二两，酒洗准前）、薰陆香（一两二铢，和捣）、甘松香（一两，别捣）。上八味，蜜和，用瓶盛，埋地底，二十日出，丸以薰衣。"

又薰衣香方："沉水香（一斤，锉酒渍一宿）、筏香（五两鸡骨者）、甲香（二两，酒洗）、苏合香（一两，如无亦得）、麝香（一两）、丁香（一两半）、白檀香（一两，别研）。上七味，捣如小豆大小，相和以细罗罗麝香，内中令调，以蜜器盛，封三日用之，七日更佳。欲薰衣，先于润地陈令泡泡，上笼频烧，三两大佳，火炷笼下安水一碗，烧讫止，衣于大箱中裹之，经三两宿后复上所经过处，去后犹得半日以来香气不歇。"

《外台秘要》卷三二还记载了裹衣干香方五首："《千金》干香方：麝香、沉香、甘松香（各二两）、丁香、筏香（各一两）、藿香（四两）。上六味合捣下筛，用裹衣，大佳（出第六卷中）。"

"《千金翼》裹衣干香方：沉香、苜蓿香（各五两）、白

180

檀香（三两）、丁香、藿香、青木香（各一两）、甘松香（各一两）、鸡舌香（一两）、零陵香（十两）、艾纳香（二两）、雀头香（一两）、麝香（半两）。上十二味各捣如黍粟麸糠，勿令细末，乃和相得。若置衣箱中，必须绵裹之，不得用纸。秋冬犹著。盛热暑之时，香速绝，凡诸香草必须及时乃佳。若欲少作者，准此为大率也（出第五卷中）。"

《备急》裛衣香方："藿香、零陵香、甘松香（各一两）、丁香（二两）。上四味细锉如米粒，微捣，以绢袋盛衣箱中。"

又方："泽兰香、甘松香、麝香（各二两），沉香、檀香（各四两），苜蓿香（五两），零陵香（六两），丁香（六两）。上八味粗捣，绢袋盛，衣箱中贮之。"

又方："麝香(研)、苏合香、郁金香(各一两)、沉香(十两)、甲香（四两，酒洗、熬）、丁香（四两）、吴白胶香、詹糖香（六两）。上八味捣，以绢袋盛，裛衣中香炒。"

2、美容香方

在美容用品中加入香料有着悠久历史，先秦时期就使用香汤沐浴，如《九歌》所言"浴兰汤兮沐芳，华采衣兮若英"描述的是水煮兰草得到沐浴用的香汤。魏晋时期出现了采用香料制作的美容用品。各种香油香粉多加入香料配制而成，用于美容、美手、美发等。

东晋葛洪《肘后备急方》卷六记载一美发方加入青木香、零陵香、甘松香、泽兰等香料："腊泽饰发方：青木香、白芷、零陵香、甘松香、泽兰各一分，用绵裹。酒渍再宿，内油里煎再宿，加腊泽斟量硬软即火急煎。着少许胡粉胭脂讫，又缓火煎令粘极，去滓作梃，以饰发，神良。"

《齐民要术》卷五二所记"合面脂法"中加入丁香和藿香："合面脂法：用牛髓。（牛髓少者，用牛脂和之。若无髓，空用脂亦得也。）温酒浸丁香、藿香二种。（浸法如煎泽方。）

煎法一同合泽，亦著青蒿以发色。绵滤著瓷、漆盏中，令凝。若作唇脂者，以熟朱和之，青油裹之。"该卷提到的作香粉法也是加丁香制作："唯多著丁香于粉合中，自然芬馥。亦有捣香末绢筛和粉者，亦有水浸香以香汁溲粉者，皆损色，又费香，不如全著合中也。"

同卷还有制作美容用香水的记载，用酒将鸡舌香、藿香、苜蓿、泽兰香等香料中的物质浸出："合香泽法：好清酒以浸香（夏用冷酒，春秋温酒令暖，冬则小热。）鸡舌香、（俗人以其似丁子，故为'丁子香'也。）藿香、苜蓿、泽兰香，凡四种，以新绵裹而浸之。（夏一宿，春秋再宿，冬三宿。）用胡麻油两分，猪脂一分，内铜铛中，即以浸香酒和之，煎数沸后，便缓火微煎，然后下所浸香，煎。缓火至暮，水尽沸定，乃熟。（以火头内泽中作声者，水未尽；有烟出，无声者，水尽也。）泽欲熟时，下少许青蒿以发色。以绵幂铛觜瓶口，泻著瓶中。"

该卷还记载了护手的手药制作，其中需要使用丁香、藿香、甘松香等香料："取猪胰一具（摘去其脂），合蒿叶，于好酒中痛挼，使汁甚滑。白桃仁二七枚，（去黄皮，研碎，酒解，取其汁。）以绵裹丁香、藿香、甘松香、橘核十颗（打碎），着胰汁中，仍浸置勿出，瓷瓶贮之。夜煮细糠汤，净洗面，拭干，以药涂之，令手软滑，冬不皴。"

魏晋南北朝的口脂是基于面脂制作，在面脂中加入朱砂、青油，并用丁香粉增香。唐代的口脂配方则较为复杂，其中加入的各种香料更多。《备急千金要方》卷六上"唇病第五"记载了一款口脂，用了十二种香料："甲煎口脂：沉香、甲香、丁香、麝香、檀香、苏合香、薰陆香、零陵香、白胶香、藿香、甘松香、泽兰。上十二味各六两，胡麻油五升，先煎油令熟，乃下白胶香、藿香、甘松、泽兰，少时下火，绵滤内瓷瓶中。余八种香捣作末，以蜜和，勿过湿，内著一小瓷瓶中令满，以绵幕口，竹十字络之，以小瓶覆大瓶上，两口相合，密泥泥之，乃掘地埋油瓶，令口与地平。乃聚干牛粪烧之（一方用糠火烧之），七日七夜不须急，满十二日火尤佳，待冷出之即成。其瓶并须熟泥匀厚一寸暴干乃可用。"整个过程相当复杂耗时。

《备急千金要方》所记的另一个"甲煎唇脂（治唇裂口臭方）"的制作和配料更为复杂："先以麻捣泥，泥两口好瓷瓶，容一斗以上，各厚半寸，曝令干。甘松香（五两）、艾纳香、苜蓿香、茅香（各一两）、藿香（三两）、零陵香（四两）。上六味先以酒一升、水五升相和作汤，洗香令净，切碎，又以酒水各一升浸一宿，明旦纳取一斗五升乌麻油六味内其中，微火煎，三上三下，去滓，内上件一口瓶中，令少许不满，然后取上色沉香（三斤）、雀头香、苏合香（各三两）、白胶香、白檀（各五两）、丁香、麝香、甲香（各一两）。上八味，先酒水相和作汤，洗香令净，各各别捣碎，不用绝细，以蜜二升、酒一升和香，内上件瓷瓶中令实满，以绵裹瓶口，又以竹篾交横约之，勿令香出。先掘地埋上件油瓶，令口与地平，以香瓶合覆油瓶上，令两口相当，以麻捣泥，泥两瓶口际令牢密，可厚半寸许，用糠罋瓶上，厚五寸，烧之，火欲尽即加糠，三日三夜勿令火绝，计糠十二石讫，停三日令冷，出之。别炼蜡八斤，煮数沸，内紫草十二两，煎数十沸，取一茎紫草向爪甲上研，看紫草骨白，出之。又以绵滤过，与前煎相和令调，乃内朱砂粉六两，搅令相得，少冷未凝之间倾竹筒中，纸裹筒上，麻缠之，待凝冷解之，任意用之。计此可得五十挺。"

《外台秘要》卷三二记："崔氏烧甲煎香泽合口脂方。兰泽香（半斤）、零陵香（一斤）、甘松香（五两）、吴藿香（六两）、新压乌麻油（一升）。上五味，并大斤两，拣择精细，暖水净洗，以酒水渍，使调匀，经一日一夜，并著铜铛中，缓火煮之，经一宿，通前满两日两宿，唯须缓火煎讫，漉去香滓，澄取清，以绵滤总讫，内著瓷坩中，勿令香气泄出，封闭，使如法。沉香（一斤），丁香、甲香（各一两），麝香、薰陆香、艾纳（各半小两），白胶香、苏合香（各一两）。上八味，并大斤两，令别捣如麻子大，先炼白蜜，去上沫尽，即取沉香等于漆盘中和之，使调匀。若香干，取前件香泽和，使匀散，内著瓷器中使实，看瓶大小取香多少，别以绵裹，以塞瓶口，缓急量之，仍用青竹蓖三条搅之，即覆瓶口于前件所烧香泽瓶口上，仍使两口上下相合，然后穿地埋著香泽瓶，口共地平，覆合香瓷瓶令露，乃以湿纸缠瓶口相合处，然后以麻捣，泥瓶口边厚三寸，盛香瓶上亦令遍厚一寸，以炭火绕瓶四边缓炙，使薄干，然后始用糠火，马粪火亦佳，烧经三宿四日，勿得断火，看之必使调匀。不得有多少之处，香汁即下不匀。三宿四日烧讫即住火，其香泽火伤多即焦，令带少生气佳，仍停经两日，使香饼冷讫，然始开其上瓶总除却，更取别瓶，内一分香于瓶中烧之，一依前法。若无别瓶，还取旧瓶，亦得其三分者，香并烧讫，未得即开，仍经三日三夜停除火讫，又经两日，其甲煎成讫，澄清斟量，取依色铸泻，其沉香少即少着香泽，只一遍烧上香瓶，亦得好味五升。铜铛一口，铜钵一口，黄蜡一大斤，上件蜡置于铛中，缓火煎之，使沫销尽，然后倾钵中，停经少时，使蜡冷凝，还取其蜡，依前销之，即择紫草一大斤，用长竹著挟取一握，置于蜡中煎取紫色，然后擢出，更着一握紫草，以此为度，煎紫草尽一斤，蜡色即足。若作紫口脂，不加余色；若造肉色口脂，着黄蜡、紫蜡各少许；若朱色口脂，凡一两蜡色中和两大豆许朱砂即得。但捣前件三色口脂法，一两色蜡中着半合甲煎相和，著头点置竹上看，坚柔得所，泻著竹筒中，斟酌凝冷即解看之。"

上文提到制各种香方必用的甲煎，也须煎制，在制甲煎之前又需造香油。《外台秘要》提供了造法：“零陵香、藿香（各一两，并锉之，以酒拌微湿，用绵裹，内乌麻生油二升，缓火一宿，绞去滓，将油安三升瓶中，掘地作坑，埋瓶于中，瓶口向地面平）、沉香（一斤）、小甲香（八两）、麝香（三两）、苏合香（一两）。上六味，并捣如大豆粒，以蜜拌，内一小角瓶中，用竹筬封其口，勿令香漏，将此角瓶倒捶土中，瓶口内以纸泥，泥两瓶接口处，不令土入，用泥泥香瓶上，厚六七分，用糠火一石烧上瓶，其火微微，不得烈，使糠尽煎乃成矣。”《外台秘要》引《古今录验》甲煎制作方法：“沉香、甲香（各五两）、檀香（半两）、麝香（一分）、香附子、甘松香、苏合香、白胶香（各二两）。上八味捣碎，以蜜和，内小瓷瓶中令满，绵幕口，以竹筬十字络之。又生麻油二升、零陵香一分半、藿香二分、茅香二分，又相和水一升，渍香一宿，著油内，微火上煎之，半日许泽成，去滓，别一瓷瓶中盛，将小香瓶覆着口入下瓶口中，以麻泥封，并泥瓶厚五分，埋土中，口与地平，泥上瓶讫，以糠火微微，半日许，着瓶上放火烧之，欲尽糠，勿令绝，三日三夜煎成，停二日许得冷，取泽用之。云停二十日转好。云烧不熟即不香，须熟烧。此方妙。”

　　《外台秘要》卷三二“千金翼口脂方”记：“熟朱（二两）、紫草末（五两）、丁香（二两）、麝香（一两）。上四味，以甲煎和为膏，盛于匣内，即是甲煎口脂，如无甲煎即名唇脂，非口脂也。”无甲煎的口脂称为唇脂，唐代含有甲煎的才算真正的口脂。

八 >>　　　　　步步生莲

　　缠足历史持续了差不多十个世纪，即使只算缠足最盛的明清两朝也有差不多六个世纪，对身体的戕害能流行这么长的时间，实在令人费解。缠足衍生出来的文化现象也颇为神奇，首先是缠足成为评价女子是否美的第一标准，甚至是身份象征，某些地位低下者被当局禁止缠足；其次，男子对小脚的痴迷到了疯狂的地步，某些地方的男子娶到大脚媳妇则痛不欲生；第三，修饰小脚的弓鞋花样繁多，到了真正挖空心思的地步，甚至还成为某些人行酒令的工具。究其原因，主要应该是男性试图禁锢女性的心理，小脚女子活动范围大大缩小，对男性依赖增加，男性可以更方便地控制女性。如此独特的审美成为长达千年的时尚，不能不说是个奇迹。

第一节　淮西妇人好大脚

　　有个关于朱元璋的传说，说的是某年元宵，南京城里有好事者画了一个灯谜，画面描绘的是一位赤足妇女怀里抱着一个大西瓜,谜底是:淮西妇人好大脚。朱元璋和马皇后是淮西人,此画谜意思是说马皇后出身平民,没有裹脚。朱元璋知道此事后,将制作灯谜的一家灭了九族。一个画谜惹出这么大的祸,很不可思议。在明代徐祯卿所著《剪胜野闻》里找到了这个故事,原文是:"太祖尝于上元夜微行。京师时俗好为隐语,相猜以为戏,乃画一妇人赤脚怀西瓜,众哗然。帝就视,因喻其旨,谓:'淮西妇人好大脚也。'甚衔之。明日,令军士大僇居民,空其室,盖马后祖贯淮西,故云。"背后擅自议论皇室在当时是死罪。这个故事杜撰的可能性很大,冒着被砍头的危险调侃皇后必是疯了。

虽然上述"淮西大脚"的故事靠不住,但对于女人来说脚的大小在明清两朝的确是个大事,大到什么程度呢?前文谈过中国古代判断女性之美,主要是看德、才、色、艺四个方面,到了明清则主要看脚的大小,艺妓的脚关乎生存,良家妇女脚的大小则对婚姻有着极大影响。

明代沈德符撰《万历野获编》卷二四记载,浙东有丐户,并非乞丐,而且也不一定贫穷,他们从事的是一些地位低下的工作,如做杂役、替人算命以及替有钱人家做梳头工等。朱元璋将战败的张士诚旧部编为丐户,下令浙东丐户,男不许读书,女不许缠足,只能丐户间通婚,禁止丐户和良民结婚。这段记载可以证明缠足在当时关乎到社会地位,禁止缠足是相当严厉的惩罚。明代《杂记游戏图卷》中,无论是挑担工、市民还是敲鼓的艺人,女子都是小足(图8-1至图8-3)。

收录于《采菲录》的《滇南莲话》记载了几个与缠足有关的婚姻故事。清末民初滇南境内以小脚为美盛行的时候,夫家对新娘小脚的重视程度要远远高于长相和体态。"入门后,足之大小,荣辱系之矣。初娶至门,村众环喜轿或喜车凝眸逼视者,首为莲足。吉时既至,舒足下车,纤妙者立邀

图 8-1 明·张宏《杂记游戏图卷》局部 1
（故宫博物院藏）

图 8-2 明·张宏《杂记游戏图卷》局部 2

图 8-3 明·张宏《杂记游戏图卷》局部 3

高誉，戚朋以为赞，翁姑以为慰。"拜堂后，新郎看到新娘的脚小就安心了，如果见到的是大脚新娘，则悲痛万分。比如侉子庄有个小伙，每次在别人家观看婚礼时，喜欢评议新妇足式图个嘴上快活，到了自己结婚的时候，发现妻子的脚偏偏是臃肿歪大者，这小伙子真是非常痛苦，就玩起了失踪，到晚上，家人遍觅新郎不得，最终在寺内找到他，小伙子哭得泪眼红肿，泣不成声。

又某村有个寡妇的独生儿子成婚，晚上发现其妻为四寸许大足，很是生气，第二天一大早就收拾行李准备逃到关外去。母亲百般央求，向儿子保证亲自为儿媳裹足，这才留下儿子。三天后，母亲把儿媳妇叫来告诉她原因，然后让儿子砸碎瓷碗，以帛浸水并将碎碗渣裹在帛上，为媳束足。"严束一周，足已腐溃，半载后缩小及三寸。"这下儿子才算满意。

又某村有举孝廉某翁，儿子结婚，新妇娶至门，儿媳妇一下轿子露出肥硕的大脚，周围参加婚礼的人立刻哄堂大笑。公公当场昏厥过去，好容易救醒，一辈子恨死了儿媳，不管有啥事都不差遣她。

"予友萧君并言伊戚某氏子，娶张姓女，女固师范毕业者也。涓吉有日，翁姑达媒意，谓必令媳缠足方成礼，否则宁另聘耳。女家不得已从之，距吉期约半载，女日夜严束，刻意谋纤削。比娶，已成五寸之半大脚。"

明清时期的女人有一双小脚是件可以炫耀的事，如果脚大，则要藏着掖着。《莳菲闲谈》说：假使她们坐在炕上的话，有两种现象：一是小脚妇女，故意将脚露在盘了腿的膝盖上以自炫；一是大脚妇女，局促地将一只脚使劲压在臀下，又将另一只用袄襟盖了又盖。边远地区的少数民族多不缠足，如《台湾内山番地风俗图册》中的女子是天足（图8-4）。

民国时期已经开始提倡放足，遭遇极大阻力。《谈莲》

图 8-4 清·佚名《台湾内山番地风俗图册》局部（故宫博物院藏）

记载："天足运动萌秀之际，妇女因放足而致夫妻反目、翁姑虐待者，时有所闻。沭阳女士胡仿兰因提倡放足，竟遭翁姑虐毙。"妇女本人对放足也多持抵触态度。《荩菲闲谈》载："《新夜报》有记云，闽省近派员赴漳州劝放足，而妇女依然不改，有谩骂者。乃思得一法：令劝告人各持一鞭，凡小脚妇女上街，即以鞭鞭其脚，惊逃则逐之。小脚点地带跳带跌，至家已不胜其娇喘，而追逐者复在后嘲之曰：'汝以小足为美，今欲逃不得，盍早放却。'"福建政府出此馊点子逼着妇女放足。

第二节　步步生莲花

萧宝卷（原名萧明贤）是南朝齐的第六位皇帝，在位四年，被宦官杀死，被杀后追贬为东昏侯。齐东昏侯是中国历史上

190

著名的荒淫皇帝之一。《南史》卷五记载，齐东昏侯凿金为莲花，贴在地面上，令宠妃潘氏行走其上，称为"步步生莲花"。后世称小脚为"金莲"就来自这个典故。

裹脚始于何时，元代便有争论，至今也没个确切的结论。《采菲录》对此有比较详细的记载。有看法认为唐前就有的，如《坚瓠集》中《古今事物考》谓："妲己狐精也，犹未变足，以帛裹之，宫中效焉。"认为小脚始于商代。汉《隶释》有："汉武梁祠画老莱之母、曾子之妻，履头皆锐。"认为小脚始于春秋。《史记·货殖列传》记载："今夫赵女郑姬，设形容，揳鸣琴，揄长袂，蹑利屣，目挑心招，出不远千里，不择老少者，奔富厚也。"所谓"蹑利屣"是指穿头尖细的鞋子，认为小脚始于战国。《杂事秘辛》记汉乘氏忠侯梁商女"足长八寸，胫跗丰妍，底平趾敛，约缣迫袜，收束微如禁中"。认为小脚始于汉代。翟灏《通俗编》："胡震亨《唐音癸签》云：从来妇人弓履之制，惟《晋书·五行志》附见两言云：'男子履方头，女子履圆头。'而唐《车服志》为最详，其言云：'后妃大礼着舄，燕见用履，命妇亦同，而民俗不尽遵用。武德初，妇人曳线靴，开元中用线鞋，侍儿则着履。'夫鞋靴圆头之式，适于足小之用……详绎时风，缠足自寓，亦何必明白言之，始谓史书有载哉？"认为小脚始于晋代。赵翼《陔余丛考》引伊世珍《嫏嬛记》记："马嵬老媪拾得太真袜以致富。其女名玉飞。得雀头履一只，真珠饰口，以薄檀为苴，长仅三寸。玉飞奉为异宝，不轻示人。"杜牧诗："钿尺裁量减四分，纤纤玉笋裹轻云。"白居易有诗："小头鞋履窄衣裳，青黛点眉眉细长。"这是认为小脚始于唐代的根据。

《汉宫春色·汉孝惠张皇后外传》记："一日，帝至后宫，两宫人为后洗足。帝坐而观之，笑曰：阿嫣年少而足长，几与朕足相等矣。"《汉宫春色·汉鲁元公主外传》记："母吕后。

高帝为亭长时，家贫，盛夏治田，母女皆跣足蓬首，汗流浃面，不知其瘁。"《唐六典·内官·尚服局》谓皇后、太子妃青袜舄，加金饰。开元时，或着丈夫衣靴。唐代段成式有"掷履仙凫起，扯衣胡蝶飘"句，如果是缠足的，不可能拿妇女的鞋子来扔。《太平御览》记："昔制履，妇人圆头，男子方头。"唐代李白诗句："一双金齿履，两足白如霜。""履上足如霜，不着鸦头袜。"东晋谢灵运诗句："可怜谁家妇，缘流洗素足。"《湛渊静语》记：宋程伊川家妇女俱不裹足，不贯耳。后唐刘后不及履，跣而出。"按照上述记载，唐代女子应该是不裹脚的，宋代的天足非常普遍。

六朝乐府《双行缠》有："新罗绣行缠，足跌如春妍。他人不言好，独我知可怜。"有人认为是关于缠足的描写。行缠类似于今天的绑腿，是裹在腿上的，和缠足是两码事。

陶宗仪《辍耕录》记："张邦基《墨庄漫录》云：'妇人之缠足，起于近世，前世书传，皆无所自。'……惟《道山新闻》云：'李后主宫嫔窅娘，纤丽善舞。后主作金莲，高六尺，饰以宝物细带缨络，莲中作五色瑞云。令窅娘以帛绕脚，令纤小，屈上作新月状。素袜舞云中，回旋有凌云之态。'唐镐诗曰：'莲中花更好，云里月长新。'因窅娘作也。由是人皆效之。以纤弓为妙。以此知扎脚自五代以来方为之。"缠足始于五代是目前较为普遍的看法。

至宋代，裹脚之记载较为确凿。《宋史·五行志》记载理宗朝宫人"束脚纤直，名'快上马'。"苏轼《菩萨蛮·咏足》词有："偷穿宫样稳，并立双趺困。纤妙说应难，须从掌上看。"秦观《浣溪沙》："脚上鞋儿四寸罗，唇边朱粉一樱多。"吕渭老《极相思》："拂墙花影飘红，微月辨帘栊。香风满袖，金莲印步，狭径迎逢。"《枫窗小牍》载："汴京闺阁，宣和以后花鞋弓履，今闻房中闺饰复尔。"南宋"行都妓女皆穿

窄袜弓鞋如良人"。沈括《梦溪笔谈》记"紫姑降谕":"神曰:
'汝履下有秽土,可去履而登。'女子乃袜而登,如履缯絮。"
脱掉鞋子登上祥云,当不是缠足。说明两宋时期,普通百姓
多不缠足,部分上流社会、富贵人家的女性有缠足者。宋代
宣和以后,缠足女子普遍穿一种二色鞋,鞋头尖锐,称为"错
到底"的鞋子。福建福州南宋墓中曾出土了这种鞋。

元代曲词杂剧中"三寸金莲"的记录就很多了。如《西
厢记》第一本第三折:"我这里甫能见娉婷,比着那月殿嫦
娥也不恁般争。遮遮掩掩穿芳径,料应来小脚儿难行。可
喜娘的脸儿百媚生,兀的不引了人魂灵!"第一本第二折:
"想着他眉儿浅浅描,脸儿淡淡妆,粉香腻玉搭胭项。翠裙
鸳绣金莲小,红袖鸾绡玉笋长。"第四本第一折:"春意透
酥胸,春色横眉黛,贱却人间玉帛。杏脸桃腮,衬着月色,
娇滴滴越显红白。下香阶,懒步苍苔,动人处弓鞋凤头窄。"

萨都剌所作散曲:"素罗衫垂彩袖低笼玉笋,锦靿袜衬
乌靴款蹴金莲。占官场立站下人争羡。"刘庭信所作散曲:"步
锦袜蹙金莲,拭罗衫舒玉笋。"

柯丹丘所作戏文《荆钗记》第七出:"(丑)舒翠袖,露
玉指,春笋纤纤,下香阶,显弓鞋,金莲窄窄。这双小脚,
刚刚三寸三分。(净)好!连夜就成。朱吉,这妈妈说小姐
的脚,刚刚三寸三分,这是卖弄金莲,就值一千两。请问妈
妈要多少价钱?"

李好古所作杂剧《沙门岛张生煮海》第一折:"风飘仙
袂绛绡红,则我这云鬟高挽金钗重,蛾眉轻展花钿动。袖儿笼,
指十葱,裙儿簌,鞋半弓。只待学吹箫同跨丹山凤,那其间,
登碧落,趁天风。"

宫天挺所作杂剧《严子陵垂钓七里滩》第一折:"列金
钗十二行,裙摇的琼珮响,步金莲罗袜香。娇滴滴宫样妆,

玉纤纤手内将。黄金盏盏面上，关埋伏闹隐藏。"

第十出："母命传呼，奴当趋奉。金莲轻举湘裙动。"

蒙古贵族入主中原建立元朝后并不反对汉人缠足，还对缠足持赞赏态度，一些文人也对缠足大加赞美，这样的做法推动了缠足的普及。蒙元时期，缠足主要在汉族贵族妇女和娼妓中流行，南方江浙、岭南地区的下层劳动妇女大多数仍旧保持天足。

明清时期的缠足则到了极致，"三寸金莲"一说始于明代。明代胡应麟《少室山房笔丛》卷十二《双行缠》说："宋初妇人尚多不缠足者，盖至胜国而诗词曲剧，亡(无)不以此为言，于今而极。"又云："至足之弓小，今五尺童子，咸知艳羡。""今之妇人足尚弓小，即跬步难之。"（明代钱谦益《列朝诗集》收录）朱有燉《元宫词》："帘前三寸弓鞋露。"清代李渔《闲情偶寄》在《声容部》谈其所见："予遍游四方，见足之最小而无累，与最小而得用者，莫过于秦之兰州、晋之大同。兰州女子之足，大者三寸，小者犹不及焉。"袁枚《答人求妾书》："仆常过河南，入两陕，见乞丐之妻、担水之妇，其脚无不纤小平正，峭如菱角者。""今人每入花丛，不仰观云发，先俯察裙下。"《采菲录》引清末林琴南《小脚妇》诗："小脚妇，谁家女？裙底弓鞋三寸许。"并说："后世则小说、剧曲称小足者，辄以三寸金莲见誉，几成普遍之准则。"

《采菲录》记载了一些歌谣说明缠足在民间的流行。河北歌谣："小红鞋儿二寸八，上头绣着喇叭花。等我到了家，告诉我参妈：就是典了房子出了地，也要娶来她！"江西丰城歌谣："粉红脸，赛桃花，小小金莲一拉抓。等得来年庄稼好，一顶花轿娶到家。"顾颉刚《吴歌甲集》："佳人房内缠金莲，才郎移步喜连连。娘子呵，你的金莲怎的小，宛比冬天断笋尖，又好像五月端阳三角粽，又是香来又是甜；又好比六月之中

图 8-5 清·倒茶图

图 8-6 红绸面弓鞋
（江南大学民间服饰传习馆藏）

香佛手，还带玲珑还带尖。"图 8-5 中的清代女子有着歌谣中所说的笋尖小脚，图 8-6 是当时流行的红面弓鞋。

清军入关前，满族女子是不缠足的，皇太极就于崇德三年谕旨"有效他国衣冠、束发裹足者，治重罪"。清朝建立后，清政府曾多次下令禁止女子缠足，都以失败告终，不过对八旗女子的缠足禁令从未取消。孝庄皇后谕"有以缠足女子入宫者斩"。顺治十七年下诏，要求天下女子不再缠足，后禁令取消。康熙三年下诏禁止康熙元年以后所生女子缠足，违者就要拿其父母家长问罪。《菽园赘谈》上记载，当缠足禁令下达时，某位高官上疏表示自己愿让其妻首先放脚，这事在当时被传为笑柄。所谓"后以讦告架诬，纷纷而起"。康熙七年副都御史王熙奏请免禁，禁令被取消。清代八旗女子为对抗禁令，则将脚缠得瘦窄平直，称为"刀条儿"。乾隆间，关内旗人有仿汉族之缠足者，乾隆帝对此变乱旧制的行为非常恼怒，再次降旨严禁，不过收效甚微。虽然旗人女子已经突破禁令，缠裹"刀条儿"，但是还是被汉人耻笑。光绪三年的《都门虫语》一书就记载有一首《嘲旗足》诗嘲笑旗人不会缠足："亭亭如玉站门头，似欲人看又似羞。怪底风流谁氏女，不谙缠足善梳头。"

虽然明清缠足已成风气，天足者还是大有人在。满洲、蒙古、回族妇女一向是天足。京兆之大兴、宛平土著，贫贱妇女，京谚所谓"小住家"者，也不缠足。满、蒙、回族大多天足。江苏吴下风俗，乡妇大多不缠足，因为田中农活多有妇女代劳。清高望曾诗云："江北女儿贱如麻，未婚先已归郎家。东邻新妇才三日，便脱红裙踏水车。短裤高裙双足跣，生平未识绮罗温。"浙江的丐户即俗所谓之"堕民"也都是天足。

从历史记载来看，缠足是个渐进过程，女子脚小一直比较受欢迎，赵女"蹑利屣"说明当时以脚小为美。至唐代教坊歌舞，舞时用帛裹足，便于舞蹈。宋元出土的鞋尚没有后世三寸金莲那么夸张，不过是鞋子窄小一些而已，缠足并不伤筋动骨。明代开始，缠足便开始走向极端化，将足部拗成弓形，改变了足骨的构造，缠足后的妇女步行变得困难起来。

明代黄冈瞿征君提出了一个抵御外虏的计策，就是诱使北方蒙古妇女也效仿中原裹脚，这样就能让蒙古男子受到诱惑而沉溺其中，使得精力受损降低其战斗力。真亏这位大爷费尽心机想出这么一条馊主意。隆庆元年，蒙古人攻破山西石州，虏获妇女出塞，女子因为小脚不能奔跑，被斩足，百无一活。看来不是什么人都喜欢缠足的。

赵吉士《寄园寄所寄》记载了张献忠在四川残忍斩女人小脚祭天："献贼在川，偶沾疾，对天曰：'疾愈当贡朝天蜡烛二盘。'众不解也。比疾起，令贼斫妇人小足，堆积如二山，将焚之，必欲以最窄者，置于上，遍斩无当意者。忽见己之妾足最窄，遂斫之，灌以油，其臭达天，献大乐。"

第三节　赛脚会

《葑菲续谈》记述了缠足文化中的一个奇特活动——晒脚会，"运城之妇女无不缠足者，犹是十九世纪之女子，天足之幸福不可得，而贴地金莲、三寸窄窄，反以为荣。每在元宵节边，日间辄坐于门口，双双小脚伸出户外，曝于日光中，名谓'晒小脚'。"《中华妇女缠足考》记载说，山西大同逢到晾脚会那天，妇女盛装坐于门首，伸足于前，任人评议。足小者就能得到赞美，观赏者鱼贯前进，不可以回过去再看。曾经参观过晒脚会的年长者，描述："村社演剧，环剧场三面搭以席棚，长棚联接，各布横竿。妇女浓妆艳饰，端坐棚内，两足长伸，鳞排竿架，莫不争奇炫小，以博好评。绣履衬饰工绝，有履跟缀小铃，足动铃鸣，以诱争观者；有履端缀饰绫制动翼蝴蝶，足动则蝶翼翕张者。游众队行，往来若织，俨若在百货肆中观陈列品然，真异俗已。凡小足之尤者，游众得逼察，但不得手扪焉。"在绣鞋上缀铃铛、翅膀会动的绫蝴蝶用来吸引参观者，真算动足了脑筋。而参观者要遵守只许看不许摸的规则。

不独是山西如此，甘肃东部地区也有类似活动。"陇东交通不便，一般妇女，现犹金莲三寸，翠鬟堆鸦。尤有奇者，则为旧历二月二日之社火。陇东所谓'社火'，即吾南方之玩龙灯。是日之社火，据当地人云，则纯为妇女之小脚竞赛会。陇东西峰镇之社火，例自旧历元宵节起至二月初止。陇东妇女，向以谨守闺门为礼法，是日则不然。西峰镇城内外无论矣，即四乡数十里外之妇女，亦皆黎明即起，浓妆艳服而来。其代步则为小车、大车、毛驴，间有绿窗贫家女，则徒步而至。是日适逢天暖，大地积雪都溶，因之道路泥滑，故步行之辈，每三五步必一端其脚，昔人诗云'行到苍苔泥滑处，几回珍重凤头鞋'，盖写实也。既至目的地，则成一字排坐于街市两旁之店家门前，必显露出其一双小脚。脚以三寸四寸为最普通，不及三寸者寡，而大及五寸者亦寡，鞋以红蓝色绸绣满花者为最多，鞋尖多缀以彩色线球，鞋后则贴以莲红拔叶。袜以红色藕色为美，灰色黑色则绝无。其有合乎当地人所谓小、尖、瘦、软、正五个条件，必自频频顾盼以自雄，又必携其女伴时小步于道旁，意若谓'今日之锦标，非我莫夺也'者。"

《丰镇一瞥》记载了丰镇地区的晒脚会："丰镇的女人最苦是一双纤小的金莲了，她们无论老太婆、小姑娘、年青的少妇，都是缠得不满四寸。她们在春光明媚的二月天，无论老少，各人都是打扮得花枝招展，尤其一双小脚缠得端端正正的，穿上红绿花鞋，坐立各家的门口，将认为引人入胜的小脚搁在门槛上，任人参观品评。一般花花公子趁了这个赛脚会的机会，便大大的活动起来，就是当着她们面前调笑，她们也不会生气的。"

虽然晒脚会在今天看来是相当奇异的一件事，但是当时将小脚作为作品展示，因为缠足还是有相当高的要求和技术含量的，有所谓七字诀："小、瘦、尖、弯、香、软、正。"有些文人的描述更加剧了人们对缠足美的不懈追求。《笠翁偶集》提到小脚应该"瘦欲无形，越看越生怜惜。……柔若无骨，愈亲愈耐抚摩。"《香莲品藻》还指出小脚当守的规则："行忌翘指，立忌企踵，坐忌荡裙，卧忌颤足。"又"瘦则寒，强则矫，俗遂无药可医矣。故肥乃腴润，软斯柔媚，秀方郁雅。然肥不在肉，软不在缠，秀不在履。且肥、软或可以形求，秀但当以神遇。"

要缠出一双符合当时审美规范的小脚当真非常不易，《中国妇女缠足史谭》记载了缠脚的方法，女孩子四五岁的时候就开始遭受缠足之苦："乡俗幼女五岁或七岁，为母者即为易制锐端之履，召女缠足，以此时足骨脆弱，缠束易小也。若年岁较长，不独骨硬难小，女之受折磨亦且倍之。朱善芳所作《缠足和解放的方法》有言：'大多在生后五岁到八岁的时候，小儿刚能完全步行的时期，做母亲的便施行这种手术了。上流社会的人家，在四岁的时候已经开始了。'康有为《请禁妇女裹足折》云：'……乃乳哺甫离，鬌发未燥，筋肉未长，骨节未坚，而横綮弱足，严与裹缠。'《戒缠足歌》：'五龄女子吞声哭，哭向床前问慈母：母亲爱儿似孩提，何缚儿足如缚鸡？'林琴南《小脚妇》诗：'五岁六岁才胜衣，阿娘做履命缠足。'郑观应《盛世危言·女教》篇：'妇女缠足，或四五岁，或七八岁，严词厉色，凌逼百端，必使骨断筋摧。'阔斧《记三十年前北京男女之修饰》有云：'大凡女子生下已到七岁，便将双足裹起。'综观各地所传、贤哲所记，缠足年龄最早为四岁，最迟为八岁。着手时期，几于各地皆然。至缠成时期，殊无记载。惟一般乡里，女子十二岁左右，为母者仅督令童女自缠，不复亲为缠裹，度由五六岁至十一二岁，经五六载之久，当可成功。若严于缠裹之母，自初缠历一二载，即能使女足纤弯中式，但不多见。"

缠裹过程可谓残酷，今天读起来不免心惊肉跳。"缠足虽为母者待女之虐政，然缠裹得法，亦能早庆成功，使为女者少受折磨之苦，此中似有手术优劣之分焉。普通手术，以数尺长布带，宽约二寸许，长约三四尺，加于女足，层层缠束。朱善芳《缠足和解放的方法》一文述之尤详：'缠足的方法，我们所目睹的，是用一条很长的布带，把足紧紧缠缚，或者穿很小的鞋子，……把跟骨和足尖端的距离短缩，足的长径缩小，把足趾屈曲压迫到足心的下面，……全足成弓状。'若李汝珍《镜花缘》述林之洋被缠足一段，尤令人读之如身临其境，其言曰：'……那黑须宫娥取了一个矮凳，坐在下面，将白绫于中撕开。先把林之洋右足放在自己膝盖上，用些白矾洒在脚缝内，将五个脚指紧紧靠在一处，又将脚面用力曲作弯弓一般，即用白绫缠裹。才缠了两层，就有宫娥拿着针线上来密密缝口，一面狠缠，一面密缝。'不独缠时用力，且复助以密缝，盖使不稍松弛，以期成功。然亦有紧缠之后，以仄带扎绕成螺旋形者，其紧度当较密缝为过之。顾足肉非以紧缠而小，必经烂溃而消。梁任公《新民丛报》云：'骨节折落，皮肉溃脱，创伤充斥，脓血狼藉。'《镜花缘》谓：'不知不觉，那足上腐烂的血肉都已变成脓水，业已流尽。只剩几根枯骨，两足甚觉瘦小。'可见足小，非足肉烂去不可。至为母者欲图速成，甚有设法使足肉溃烂者。阔斧《记三十年前北京男女之修饰》云：'将双足裹起，硬将脚上肉烂掉。

图 8-7 红绸面弓鞋（凤歌堂藏）

图 8-8 红绸面弓鞋（俯视）

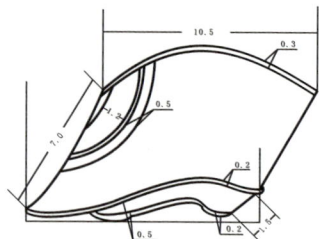

图 8-9 红绸面弓鞋尺寸图（单位：厘米）

有以磁瓦存心刺破，使其溃烂，一种残酷之刑，令人目不忍睹。……无论慈母怎样疼爱自己闺女，惟对于裹脚，决无怜惜痛苦者。'"图 8-7 至图 8-9 的弓鞋的鞋底长大约 10 厘米，是真正的三寸"金莲"。

做母亲的除了用布带束缚女儿之足，为了加速三寸金莲的形成还有用碎瓷刺破足肉，让其溃烂的，那种苦痛想着都觉得揪心。除了小，还要符合软的标准，因此还需药物辅助。《中国妇女缠足史谭》记："但人力所施，多厌其迟，足肉虽溃而骨硬亦为纤小之梗。讲求骨软，则惟乞灵于药力。吾人试阅《镜花缘》所述：'林子洋两只金莲，被众宫娥今日也缠，明日也缠，并用药水熏洗。未及半月，已将脚面弯曲，折作凹段。'年逾而立之林之洋，骨硬可知，以药水之功，未半月而脚面弯曲。即如康有为《请禁妇女裹足折》亦言：'童女苦之，旦旦啼哭，或加药水，旦夕熏然，窄袜小鞋，夜宿不解。'此药水有云系猴骨汤者。用猴骨煎汤，日日熏洗，骨自软脆，易于屈折紧束，缠成后不独纤小，且极平正。予有友系山西大同县者，伊述及当地妇女以足小名扬天下者，固由俗尚如此，家家竞求女足之纤，实亦由药力之佐助而成功。幼女缠足之时，以初宰羊血浸浴女足，浸浴一二小时，净水濯去血痕，为母者即与严缠紧缚。足为羊血所浸，骨软筋绵，易于弯小，时以浸浴，可使纤小从意。"

一般缠足多以早起即缠者为多，早饭以后再缠的也有。福建同安民谣就说："天光起来就缠足，缠得污秽满床褥。"这种风俗南北略同。农村妇女有说早起血脉尚静，紧缠减痛，且易纤小。如果饭后再缠裹，因幼女下床玩耍后，血流迅速，血管扩张，这时再缠裹就更加痛苦。因为疼痛，被缠足的女孩不能抗拒，又无法止痛，只有哭着恳求母亲松绑。《中国妇女缠足史谭》说："母之于女，何求皆可，惟于缠足则一言婉拒，立即冷语严诃，且缠缚反严以泄其怒，骂声与泣声相应也。现存民谣有'小脚一只，眼泪两缸'之句，殆实录也。"

幼女未缠足时的鞋子样式和男孩差不多。开始缠足后，就要穿头稍微尖一点的仄履，鞋底和鞋底加高的复底是加厚的。缠足以后只有脚后跟的位置是不痛的，因此行走时只有抬高脚趾用脚后跟着地，鞋的后跟就会磨损比较厉害，需要在鞋底脚后跟的位置不断加厚，鞋子才能够耐用。"足渐尖纤，履亦渐锐渐弓，终则木底弓履，乃峭如菱角，完全其缠事矣。故缠足程序，先求尖瘦，再求弯曲，趾骨虽折，干骨亦须深折，方能御弓履，中其程式。"

至于缠足为什么最后要达到三寸的标准，大致是约定俗成的。《中国妇女缠足史谭》引用了前人的文献，如林琴南《小脚妇》诗云："小脚妇，谁家女？裙底弓鞋三寸许。"郑观应《盛世危言》："苟肤圆六寸，则戚里咸以为羞。"袁子才《答赵钧台书》："倘弓足三寸。"李姓女所作《弓鞋》诗："三寸弓鞋自古无。"《笠翁偶集》："兰

图 8-10 清·桃花坞年画　　　图 8-11 清·戏莲图

州女子之足，大者三寸，小者犹不及焉。"明徐用理《题杨妃妙舞图》云："凌波步小月三寸，倾国貌娇花一团。"三寸最终成为最普遍接受的长度，二寸许的小脚比较少见，六寸许的脚连亲戚朋友都感到难堪。清代苏州年画上的妇女也都是三寸金莲（图8-10）。

小脚爱好者据缠足方法不同总结出各种小脚样式，按照《采菲录》所述，小足式样有："莲瓣、新月、和弓、竹萌、菱角五种，更衍为四照莲、锦边莲、钗头莲、单叶莲、佛头莲、穿心莲、碧台莲、并头莲、并蒂莲、同心莲、分香莲、合影莲、缠枝莲、倒垂莲、朝日莲、千叶莲、玉井莲、西番莲共十八式。"文士参与其中，使得妇女缠足竞美的风气越来越盛，对肢体摧残也到了无以复加的地步。

缠足为什么会形成是个相当复杂的问题。缠足最基本的出发点，应该是通过对人体的改造而符合审美需要。虽然明清形成了对缠足共同的审美标准，但是综合各种因素，缠足更像是很多人共同织成的一个圈套。按照《中国妇女缠足史谭》分析，缠足大致有以下动因。

第一，表现出男女的分别。"我国最重礼教，尤严男女之别。古者'七岁不同席'、'叔嫂不通问'，男女装饰制式均殊，庆吊酬酢仪态胥异。凡妇女不独敷粉涂朱，抑且穿耳缠足。足既弓纤，行必舒迟，屣锐趾扬，一望即判。正书稗史、小说笔记，凡妇女效法男装以利旅行者，其被人窥破行藏，多由耳孔及弓足。故妇女缠足，为最易与男性区分之点。缠足发生，或即以此。"

第二，区分社会地位，如《万历野获编》记载明初浙东丐户，男不许读书，女不许缠足。石门吴震方《岭南杂记》记载："岭南妇女多不缠足，其或大家富室闺阁则缠之，妇婢俱赤脚行市中，至人家则袖中出鞋穿之，出门即脱置袖中。女婢有四十五十无夫家者。下等之家，女子缠足则皆诟厉之。以为良贱之别。"只有贵族妇女才能缠足，地位低下的仆役是不能缠足的。

第三，保持民族特征。这个在元清两代特别明显，缠足开始流行就是元代，清代达到极盛。汉人在少数民族入侵的状况下，为表示与满、蒙两族的差异，汉人妇女普遍缠足。满清晚年，称大脚为"旗装"，小足为"汉装"。即使清政府禁令也不能止。

第四，为符合男子审美需求。"妇女对美之修饰，莫不以丈夫意旨为取舍。诗意描写，可谓深刻。后世楚宫之腰、汉宫之髻、睿娘之缠足，亦无非基此心理而成。缠足以博爱怜玩弄，见于民谣，咏于诗词，载于史传。"男权社会中的女性为得到男性青睐，不惜忍受痛苦改变脚的形状。小脚对某些男性有着说不清的吸引力，如《金瓶梅》第四回的一段描写："这西门庆故意把袖子在桌上一拂，将那双箸拂落在地下来。一来也是缘法凑巧，那双箸正落在妇人脚边。这西门庆连忙将下去拾箸。只见妇人尖尖翘翘刚三寸，恰半钗一

图8-12 清·戏莲图（选自 Michel Beurdeley, *Chinese Erotic Art*, Chartwell Books,INC., 1969）

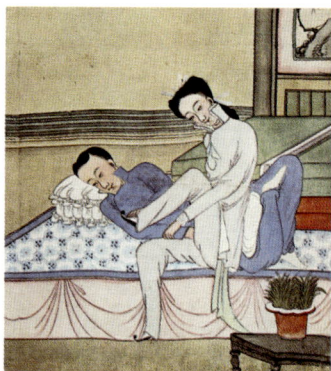

图8-13 民国·戏莲图（选自 Michel Beurdeley, *Chinese Erotic Art*, Chartwell Books,INC., 1969）

图 8-14 红绸面弓鞋（凤歌堂藏）

图 8-15 红绸面弓鞋（俯视）

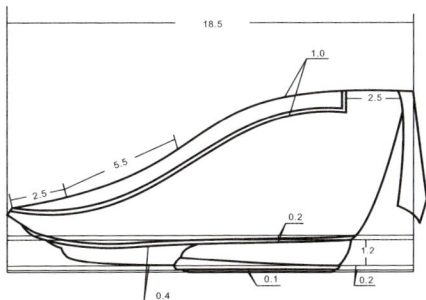

图 8-16 红绸面弓鞋尺寸图（单位：厘米）

对小小金莲。正翘在箸边。西门庆且不拾箸，便去他绣花鞋头上只一捏。"

第五，男性为约束女性行动，女性缠足后只有呆在闺阁，难以长途走动。"男性既拥有社会上最优越之地位，以妇女为附属品，利其深处闺中以为己用，而不愿其奔驰外界，劳其系念。《女儿经》云：'为甚事，缠了足？不是好看如弓曲，恐他轻走出房门，千缠万裹来拘束。'《清苑歌谣》有言：'裹上脚，裹上脚，大门以外不许你走一匝。'"

从以上缠足形成的五个原因看，男性在其中起到决定性作用，缠足的观念是一个越束越紧的网，到最后由不得妇女不遵守这个法则，遵守这个法则的结果就是女性只能被束缚于深闺之中，如果连走动都很困难，那么要做其他事情势必更加困难，所以缠足的历史也是男性束缚女性的历史，是男权社会走到极致的标志（图 8-11 至图 8-13）。

缠足妇女所穿的弓鞋颇为讲究，一般用绸缎做鞋面，鞋面上刺绣各种吉祥纹样（图 8-14 至图 8-21）还有的弓鞋中有机关暗格，里面藏有香粉，鞋底有莲花形镂空，每走一步，地上就留一个莲花印。当然这是贵族妇女玩的游戏。贫家妇女则买不起刺绣很多的绣鞋。于是就有描绘的鞋片供穷人使用。《采菲录》记载说："描画者均慧心妇女，居闺阁，备胶色，购大量蓝布，依鞋式剪裁，大小具备。牙口之下，左右先刷胶水，干后敷眉型面积之图案，花鸟虫介，随意为色，颇娇妍生动。再干仍刷胶水。每双在当时售值仅铜元二三枚，趸售于女贩及男货郎各乡兜卖，取价尤廉。然贫家妇女，赖是以维家计，亦当时应时势需要之家庭手工业也。"另外还有专门为弓鞋制作木底的，"妇女作弓鞋，必须备弓底。

图 8-17 粉紫缎面弓鞋（凤歌堂藏）

图 8-18 粉紫缎面弓鞋（俯视）

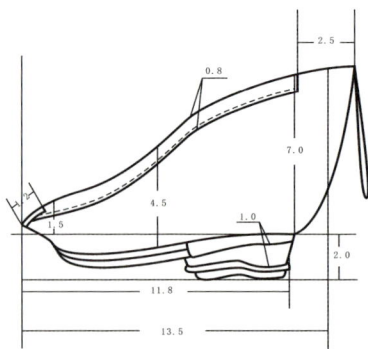

图 8-19 粉紫缎面弓鞋尺寸图（单位：厘米）

图 8-20 粉色缎面弓鞋（凤歌堂藏）

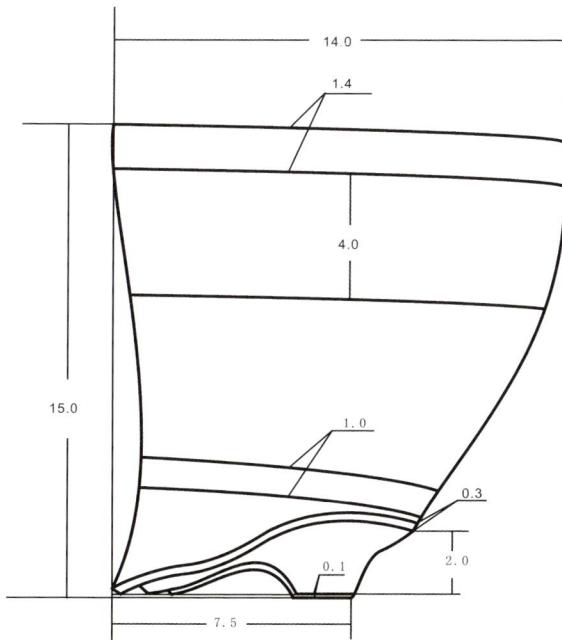

图 8-21 粉缎面弓鞋尺寸图（单位：厘米）

底多柳木质，弯锐略若莲瓣，所以取材柳木者，以刨镂较易，而妇女于丰馀之木底，亦能磋磨逼肖己足状以适用也。业此者均男工，各镇多有之。沿街串售，担之盈筐，五双为一组，以线穿底，累累一提，价亦不逾铜元二十枚左右耳。"

弓鞋制作精美，居然就有男性把绣鞋当玩具使用。《万历野获篇》卷二三记载了元代杨铁崖喜欢用妓女小鞋行酒，宋代就已经有人这么玩过；元代画家倪瓒觉得这么搞很恶心，每次宴席上见到有用小鞋行酒的，立即大怒离席；明代戏剧理论家何良俊得到南院王赛玉的红鞋，也经常拿出来行酒。

各时期有不同的弓鞋样式，清末的弓鞋弯曲厉害，足底拱起，俗称"猫钻洞"。"足帛以外，紧兜软履，软履之外，再套靴兜。靴兜色尚白，形如小袜，去尖约寸许。袜边开口，套着软履之外，用裤掩覆，扎以各色脚带。坐炕时，软履之采端微露腿际，妙丽绝伦。下炕再着弓鞋，此鞋皆高装，俗称'靴子'，紧括莲足，花簇满帮。老者尚玄色，少壮喜红绿色，而红靴最为普遍。"民国四年，靴兜不用，平底坤鞋传入，改着小袜，鞋子变得尖瘦圆细。坤鞋底为布质，短面尖口，瘦而尖。城镇妇女多穿平底坤鞋，村乡多穿弓鞋，不过鞋底拱起稍微平缓。机织线袜传入中国后，富家妇女开始使用。贫家妇女尚买不起机织袜子，还穿布袜。民国十七年以后，放足运动有了一些成效，富者开始穿丝袜，贫家妇女也开始穿机制线袜，不过线袜很贵，到节日才舍得穿，平时则穿旧男袜改做的袜子。

缠足还有些迷信的讲究。《采菲录》记载说："乡间妇女为幼女初缠，多选五字之时日，如五岁开始缠足，或除夕为女略缠，翌春再正式严缠。"大致是因为"五"和"捂"同音，意思是将脚捂住，不能再长了。除夕俗称"五更黑夜"，除夕夜候祀神祇称"熬五更"，也是取其音。麻谷节在夏历七月十一至十五数日，乡俗多喜在麻谷节为女性缠足，因为麻谷与麻杆同音，意思是将脚缠得瘦细如麻杆一般。新嫁娘御履，要比平时略宽松，意思是日子要宽绰。其下轿所踏红毡的踏堂鞋要用黄色或绿色，是按照旧套话"黄的金，绿的银，骡子驴儿成了群"的意思。黄代表金色，绿色指银的锈蚀颜色。还有妇女初嫁，鞋箱备缎鞋四只，布鞋不计。"四只"为"四至"谐音，意思是诸事四至，民俗将熨帖或美备称为"四至"。

九 >> 　　　　　胖瘦之间

　　体形时尚的变迁类似钟摆运动，当体形达到极端时就开始向另一个极端变化。汉代宫廷流行细腰，晋代宫廷崇尚长白为美，隋和初唐依旧延续颀长体形，盛唐至晚唐则以丰满为美，五代至北宋恢复为体形匀称为美，南宋女子体形流行细长，明清时期女子体形走向纤细柔弱。在大多数历史阶段，女性身材的标准是偏苗条的，但盛唐时期是个例外，相信那是一个令所有丰满女性向往的时代。要做到"蝤首、杏唇、犀齿、酥乳、远山眉、秋波、芙蓉脸、云鬓、玉笋、黄指、杨柳腰、步步莲、不肥不瘦长短适宜"的标准美女当属不易。

第一节　燕瘦环肥

　　宋代乐史撰《杨太真外传》卷上记载了一个故事，唐玄宗在百花园偏殿看《汉成帝内传》一书。这时杨贵妃来了，一边帮玄宗理着衣领，一边问："看何文书？"玄宗笑着说："你还是别问，知道了又要缠着人不放。"随后杨贵妃还是把书拿去看了。原来书中写的是汉成帝得到赵飞燕，赵飞燕体型轻巧抗不住大风。汉成帝担心赵飞燕被风吹走，为她造水晶盘，让宫人托着让其在上歌舞。又造了七宝避风台，放上各种香料，又担心其四肢受不了。唐玄宗调侃杨贵妃说：我不担心你的，甭管多大的风也不会把你刮走。"杨贵妃比较丰腴，所以唐玄宗有此玩笑语。金代元好问《江城子·效花间休咏海棠》词也说："比尽世间谁似得？飞燕瘦，玉环肥。"清代王韬《淞隐漫录》卷七有："群芳毕集，燕瘦环肥，无不各臻佳妙。"清代人画的杨贵妃也体现出丰满的特征。（图9-1）从唐代绘画和雕塑中可以见到女子都尚丰满，后世人画仕女

图9-1 清·康涛《华清出浴图》局部（天津市艺术博物馆藏）

图9-2 唐·张萱《虢国夫人游春图卷》局部（辽宁省博物馆藏）

也多体现这一特征。（图9-2至图9-4））

《战国策·威王问于莫敖子华》记："昔者先君灵王好小腰，楚士约食，冯而能立，式而能起。食之可欲，忍而不入；死之可恶，然而不避。"说的是楚灵王喜欢细腰，楚国的士人都节食，饿得头晕眼花，席地而坐的需要扶墙才能站起，坐车的要扶着车把手才能立起。即使美味吸引人，也忍住不吃；即使死亡可恶，但是饿死都不怕。这个故事在《后汉书》卷二四《马援列传》变成："吴王好剑客，百姓多创瘢；楚王好细腰，宫中多饿死。"唐代很多诗人用到的典故即出自此处。如武元衡《独不见》："春风细腰舞，明月高堂宴。"刘禹锡《踏歌词》："为是襄王故宫地，至今犹自细腰多。"李涉《竹枝词》：

"细腰争舞君沉醉，白日秦兵天下来。"鲍溶《寒夜吟》："兽火扬光二三月，细腰楚姬丝竹间。"李商隐《梦泽》："梦泽悲风动白茅，楚王葬尽满城娇。未知歌舞能多少，虚减宫厨为细腰。"胡曾《细腰宫》："楚王辛苦战无功，国破城荒霸业空。唯有青春花上露，至今犹泣细腰宫。"唐求《巫山下作》："细腰宫尽旧城摧，神女归山更不来。唯有楚江斜日里，至今犹自绕阳台。"秦汉以细腰为美，汉代流行一种长袖折腰之舞，刘邦的爱妃戚夫人最擅长此舞，非细腰难为这种舞蹈（图9-5）。

魏晋时期女子也以苗条为美。《太平广记》卷二七二记载，晋代巨富石崇将沉水香筛成粉末，撒在象牙床上，让宠爱的婢女踩过，如果经过时没留下痕迹，石崇就赐给她珍珠百粒。如果谁留下了痕迹，则让她节食减轻体重。侍女们之间流传："你非细骨轻躯，哪得百粒真珠？"隋至唐初，女子依旧尚苗条，穿衣时，腰线提高到胸部（图9-6至图9-8）。

图9-3 唐·男装女俑（中国国家博物馆藏）

图9-4 明·杜堇《宫中图》局部（上海博物馆藏）

苗条身材的另一个代表人物是"玉奴"。玉奴是南朝齐东昏侯的妃子潘玉儿的别名，也叫潘妃，上一章"步步生莲花"的故事就是讲的潘妃。《南史》卷五五记载，齐东昏侯被宦官所杀，梁武帝萧衍进城后见到潘玉儿有国色，想收为己有，被常茂阻止。梁武帝就把玉儿赏给大将田安，但是玉儿"义不受辱"，自缢而死。死后依旧"洁美如生"。玉奴的美丽及其悲情故事常成为后来文学作品的素材，也有将玉奴写作琼奴的。宋代吴文英《声声慢·四香》："憔悴攲翘委佩，恨玉奴销瘦，飞趁轻鸿。"宋代刘将孙《江城子》词："半点檀心天一笑，琼奴弱，玉环肥。"宋代葛胜仲《浣

图9-5 西汉·长袖曲裾衣舞俑（中国国家博物馆藏）

图9-6 隋·敦煌62窟供养人

图9-7 隋·女舞俑（上海博物馆藏）

图9-8 唐·新城长公主墓壁画

溪沙》词："东道殷勤玉斝飞，华灯倾国拥珠玑，玉奴嫌瘦玉环肥。"

清代陈球《燕山外史》卷二有："蛮腰素口，各有专长；燕瘦环肥，都称尽美。"其中不但说到了赵飞燕和杨贵妃，还有小蛮和樊素。小蛮和樊素是白居易的家姬，《旧唐书·白居易传》记载说白居易从杭州罢官回到洛阳，买了故散骑常侍杨凭的宅子，有"家妓樊素、蛮子者，能歌善舞"。虽然只有区区十一个字，樊素和小蛮便青史留名了。另一个让樊素和小蛮闻名的记载来自唐代孟棨《本事诗·事感》："白尚书（居易）姬人樊素善歌，妓人小蛮善舞，尝为诗曰：'樱桃樊素口，杨柳小蛮腰。'"现在还常说的"樱桃小口和小蛮腰"就出于此。白居易在《天寒晚起引酌咏怀寄许州王尚书、汝州李常侍》中写道："四海故交唯许汝，十年贫健是樊蛮。"说明白居易对樊素和小蛮的喜爱。白居易六十多岁时，卖掉好马遣走樊素，写下感人的《不能忘情吟》，让樊素唱一曲《杨柳枝》另觅良伴。

纵观整个历史，秦、汉、魏、晋直至南北朝女性身材多追求纤长苗条，唐代一朝以丰腴为时尚。从小蛮的杨柳腰来看，唐代中期丰肌不再流行。白居易《和春深二十首》诗中写道："秋千细腰女，摇曳逐风斜。"杨敬之《客思吟》诗：

图 9-9 五代·顾闳中《韩熙载夜宴图》局部（故宫博物院藏）

"细腰沉赵女，高髻唱蛮姬。"张祜《李家柘枝》诗："红铅
拂脸细腰人，金绣罗衫软着身。"也说明晚唐细腰的流行程
度。五代绘画也显示出当时美人的标准身材逐渐变得匀称高
挑（图 9-9），至宋代则越发细长（图 9-10 至图 9-13）。明
清时期向着更为极端的趋势发展，女子身材以小巧柔软、瘦
弱为美，所谓"弱柳临风"就是说的这个阶段的时尚。清人
画的《昭君出塞图》（图 9-14）和《玄机诗意图》（图 9-15），
都是按照清人的审美标准绘制。如《西厢记》第一本第一折：
"呖呖莺声花外啭，行步可人怜。解舞腰肢娇又软，千般袅娜，
万般旖旎，似垂柳晚风前。"第三本第四折："眉弯远山不翠，
眼横秋水无光，体若凝酥，腰如嫩柳，俊的是庞儿俏的是心，
体态温柔性格儿沉。"《红楼梦》写到贾宝玉初见林黛玉，对
黛玉的描写是："两弯似蹙非蹙罥烟眉，一双似喜非喜含情目。

图9-10 宋·《歌乐图轴》局部（上海博物馆藏）

图9-11 宋·刘宗古《瑶台步月图》（故宫博物院藏）

图9-12 宋·佚名《孝经图轴》局部（南京博物院藏）

态生两靥之愁，娇袭一身之病。泪光点点，娇喘微微。闲静时，如姣花照水；行动处，似弱柳扶风。心较比干多一窍，病如西子胜三分。"明清时期带有一点病态美的女子更让人怜爱。

图 9-13 南宋·佚名《天寒翠袖图页》（故宫博物院藏）

图 9-14 清·费丹旭《昭君出塞图》
（故宫博物院藏）

图 9-15 清·改琦《玄机诗意图》
（故宫博物院藏）

第二节　软玉温香

晋代王嘉《拾遗记》中说蜀主刘备的夫人甘后："及后长，而体貌特异，至十八，玉质柔肌，态媚容冶。"元代王实甫在《西厢记》中描写崔莺莺"软玉温香抱满怀"。玉质柔肌和软玉温香是对女子身体美的一种笼统感受，如何才算软玉温香呢。各朝文字的描述不甚一样，但也相去不远。

明代叶小鸾著《艳体连珠》吟咏美女的腰："盖闻玉佩翩珊，恍若随风欲折。舞裙旖旎，乍疑飘雪余香。故江女来游，逞罗衣之宜窄；明妃去国，嗟绣带之偏长。是以楚殿争纤，最怜巫峡；汉宫竞细，独让昭阳。"叶小鸾所述随风欲折的细腰从宋至清代仕女画多可见到，画中的女子身形多是瘦长到病态的程度。（图 9-16 至图 9-19 ）

图 9-16 宋·佚名《飞阁延风图》局部（故宫博物院藏）

图9-17 明·陈洪绶《拈花仕女图》局部
（上海博物馆藏）

图9-18 明·唐寅《孟蜀宫妓图》局部
（故宫博物院藏）

《艳体连珠》吟咏美女的全身："盖闻影落池中，波惊容之如画；步来帘下，春讶花之不芳。故秀色堪餐，非铅华之可饰；愁容益倩，岂粉泽之能妆。是以容晕双颐，笑生媚靥；梅飘五出，艳发含章。"

汉代无名氏撰《杂事秘辛》，明代杨慎称得于安宁土知州董氏，可以肯定非汉人作品，而是后人伪托之作。文中对女性身体发肤描写之细致，可谓匪夷所思，特别是叙述身体详细尺寸，在古代作品中非常少见。很直观地反映了古代女性身体美的标准。

图 9-19 明·《西厢记》插图（选自周芜，《日本藏中国古版画珍品》，江苏美术出版社，1999 年）

《杂事秘辛》记载了汉恒帝欲选大将军梁商的女儿为皇后，派女官吴妁检查梁女莹身体的过程。"妁以诏书如莹燕处，屏斥接侍，闭中阁子。时日晷薄辰，穿照蟞窗；光送着莹面上，如朝霞和雪艳射，不能正视。目波澄鲜，眉妩连卷，朱口皓齿，修耳悬鼻，辅靥颐颔，位置均适。妁寻脱莹步摇，伸鬓度发，如黰鬌可鉴。围手八盘，坠地加半握。乞缓私小结束，莹面发赪，抵栏。妁告莹曰：'官家重礼，借见朽落，缓此结束，当加鞠翟耳！'莹泣数行下，闭目转面内向。妁为手缓，捧着日光，芳气喷袭，玉肌腻理，拊不留手。规前方后，筑脂刻玉。……约略莹体，血足荣肤，肤足饰肉，肉足冒骨。长短合度，自颠至底，长七尺一寸；肩广一尺六寸，臀视肩广减三寸；自肩至指，长各二尺七寸，指去掌四寸，肖十竹萌削也。髀至足长三尺二寸，足长八寸；胫跗丰妍，底平指敛，约缣迫袜，收束微如禁中，久之不得音响。妁令推谢皇帝万年，莹乃徐拜称皇帝万年，若微风振箫，幽鸣可听。不痔不疡，无黑子创陷及口鼻腋私足诸过。"

古代对女子身体的描写一般都比较含蓄，否则会被归入秽闻一类。所以咏小脚的比较多，咏胸部的则比较少。不过还是有些文人用尽曲折手法去描绘女性的乳房。唐末诗人韩偓《席上有赠》诗："小雁斜侵眉柳去，媚霞横接眼波来。鬓垂香颈云遮藕，粉着兰胸雪压梅。"再如宋周邦彦《浣溪沙》词有："薄薄纱厨望似空，簟纹如水浸芙蓉，起来娇眼未惺忪。强整罗衣抬皓腕，更将纨扇掩酥胸，羞郎何事面微红。"明代作为编修《永乐大典》副总裁的王偁有一首《酥乳》诗则用明月来形容乳房："一双明月贴胸前，紫禁葡萄碧玉圆。夫婿调疏绮窗下，金茎几点露珠悬。"清代孙原湘有《天真阁集》五四卷，民国有人从中选出部分诗作编为《天真阁艳体诗》，其中有《箇人》："箇人第一是兰胸，菽发凝脂隐约中。"《即事》："水晶帘下咨窥张，半臂才遮菽乳看。姑射肌肤真似雪，不容人近已生凉。"清代朱彝尊《沁园春》也是用各种比喻刺激读词之人的想象力："隐约兰胸，菽发初匀，脂凝暗香。似罗罗翠叶，新垂桐子，盈盈紫苺，乍擘莲房。窦小含泉，花翻露蒂，两两巫峰最断肠。"除了这首咏乳之外，朱彝尊还写了其他十一首《沁园春》咏身体的其他部位，均收录于《曝书亭集》卷二八。

清代卫泳撰《悦容编》认为"大抵女子好丑无定容，惟人取悦，悦之至而容亦至，众人亦收国土之享"。女子好看不好看真很难定论，这和现在常说的"没有不好看的女孩子，只有不可爱的女孩子"是一个意思，所以说招人喜欢自然觉得容貌也美。《悦容编》从神态上归纳了女性的美，"美人有态、有神、有趣、有情、有心。唇檀烘日，媚体迎风，喜之态；星眼微瞋，柳眉重晕，怒之态；梨花带雨，蝉露秋枝，泣之态；鬓云乱洒，胸雪横舒，睡之态；金针倒拈，绣屏斜倚，懒之态；长颦减翠，瘦靥消红，病之态。"

《悦容编》还归纳了各种美人情景："惜花踏月为芳情，倚阑踏径为闲情，小窗凝坐为幽情，含娇细语为柔情，无明无夜，乍笑乍啼，为痴情。镜里容，月下影，隔帘形，空趣也。灯前目，被底足，帐中音，逸趣也。酒微醺，妆半御，睡初回，别趣也。风流汗，相思泪，云雨梦，奇趣也。神丽如花艳，神爽如秋月，神清如玉壶冰，神困顿如软玉，神飘荡轻扬如茶香，如烟缕，乍散乍收。数者皆美人真境。"卫泳的女性审美观已经脱离女子身体美本身，认为美存在于各种情境之中。而不同季节也有不同情趣："春日艳阳，薄罗适体，名花助妆，相携踏青，芳菲极目。入夏好风南来，香肌半裸，轻挥纨扇。浴罢，湘簟共眠，幽韵撩人。秋来凉生枕席，渐觉款洽，高楼爽月窥窗，恍拥婵娟而坐。或共泛秋水，芙蓉映带。隆冬六花满空，独对红妆拥炉接膝，别有春生，此一岁快意时也。"

卫泳不认可"美人迟暮"与"人老珠黄"的说法。《悦容编》："美人自少至老，穷年竟日，无非行乐之场。少时盈盈十五，娟娟二八，为含金柳，为芳兰蕊，为雨前茶，体有真香，面有真色。及其壮也，如日中天，如月满轮，如春半桃花，如午时盛开牡丹，无不逞之容，无不工之致，亦无不胜之任。至于半老，则时及暮而姿或半，色渐淡而意更远，约略梳妆，遍多雅韵。调适珍重，自觉稳心。如久窖酒，如霜后橘。知老将提兵，调度自别，此终身快意时也。"在卫泳眼中，女性的一生都是美的。

古人判断女子美丑，除了体态面容还要结合皮肤，皮肤若如白雪、凝脂、白玉般光润动人，则具备了美的基本条件。明代谢肇淛撰《五杂俎》卷三认为女子皮肤和水源有密切关系："至于妇人女子，尤关于水，盖天地之阴气所凝结也。燕赵、江汉之女，若耶、洛浦之姝，古称绝色，必配之以水，岂其性固亦有相宜？不闻山中之产佳丽也。吾闽建安一派溪源，自武夷九曲来，一泻千里，清可以鉴，而建阳士女莫不白皙轻盈，即舆儓下贱，无有蠢浊肥黑者，岂非山水之故耶？"谢肇淛所说的美女依水而生倒也是个规律，如盛产美女的苏州、杭州、扬州等都是依着水网或河流。如西施出于浙江诸暨，陈圆圆出于江苏常州，苏小小出于杭州，这些地方都是山水润泽的好地方。

十 >> 　　　　　**教坊曲里**

　　倡优是中国古代一个特殊的群体，他们处于社会最底层，却是不可或缺的群体，他们为上层阶级带来欢乐，却被各种不平等规则所禁锢。倡优实际上是两个群体的合称，倡指倡伎，优指优伶。这两者都以卖艺为生，最初倡伎和色情没什么关系，但是后来倡伎不但卖艺，也涉及到出卖身体。而优伶以演戏唱歌为主要表演项目，偶尔也不得已出卖身体。因为职业需要，倡优往往必须打扮入时，不经意间成为时尚的传播者。元明时期有不少针对倡优的禁令，尤其是对他们穿着的限制，因为倡优效仿贵族或宫廷装束的入时打扮已经让统治者感到不快。

第一节　从杜十娘说起

　　明代冯梦龙编著《警世通言》卷三二有一个著名的故事《杜十娘怒沉百宝箱》，讲的是贵族公子李甲在教坊司遇到杜十娘，两情相悦。两人在回李公子家的途中因为孙富挑唆，李公子居然收下孙富千两银子出卖了杜十娘。杜十娘悲愤之下，连同积攒的价值连城的宝物，一起跳入江中。虽然这是一个虚构的故事，却显得那么真实动人，因为古代教坊中的女子正如故事所描述的那样，即使美丽也很难逃避悲剧的命运。这一故事同时透露了一点关于教坊女子装扮的信息。杜十娘投江前将自己认真装扮了一番，"于是脂粉香泽，用意修饰，花钿绣袄，极其华艳，香风拂拂，光彩照人"。从中可以知道，教坊女子应当很懂如何装扮。另外从杜十娘百宝箱所放的"翠羽明珰，瑶簪宝珥"等物，也可以知道教坊女子应该有全套的装扮行头。

杜十娘属于一个特殊群体，古代称为倡优。所谓倡优之倡伎，后来也写作娼妓。"妓"本指以歌舞为生活手段的女子。如《说文解字》："妓，妇人小物也。"段玉裁注："今俗用为女伎字。"宋代《重修广韵》有："妓，女乐。"《管子·轻重甲》有："昔者桀之时，女乐三万人，端噪晨乐闻于三衢，是无不服文绣衣裳者。"这里的女乐指姿容美丽、擅长乐舞的女子。古代的"妓"与"伎"、"技"字通用。如《后汉书·梁冀传》："冀、寿共乘辇车，张羽盖，饰以金银，游观第内，多从倡伎，鸣钟吹管，酣讴竟路。"《新唐书·元载传》："名姝异伎，虽禁中不逮。""妓女"含有出卖身体的意思始于唐宋，形成于明清。明代谢肇淛《五杂俎》卷八说："今时娼妓满布天下，其大都会之地，动以千百计。其他穷州僻邑，在在有之。终日倚门献笑，卖淫为活，生计至此，亦可怜矣！"明中叶以后"妓女"才开始指出卖色身的女性。

伎有官伎和家伎。官伎服务对象较为复杂，又分为宫伎、营伎等。一般情况下官伎主要是指政府供养的乐工和舞姬。家伎指私人拥有的乐工和舞姬。《韩熙载夜宴图》表现的就是家伎参与的家庭宴会场景（图 10-1）。优伶则是以表演为

图 10-1 五代·顾闳中《韩熙载夜宴图》局部（故宫博物院藏）

职业的人员，也分不同档次，有服务朝廷的，也有游走于江湖的。

宫妓指专门供奉宫廷的歌舞女艺人，又称"宫妾"、"宫娥"等。她们的主要任务是在皇家举行的各种盛会典礼上演出，以及为皇帝提供各种娱乐活动（图 10-2）。《开元天宝遗事》卷下记："明皇与贵妃每至酒酣，使妃子统宫妓百余人，帝统小中贵百余人，排两阵于掖庭中，目为'风流阵'。以霞被锦袱张之为旗帜，攻击相斗，败者罚之巨觥以戏笑。"唐代李贺诗《三月》有："军装宫妓扫蛾浅，摇摇锦旗夹城暖。"《开元天宝遗事》卷上记："宁王好声色，……每至夜筵，宾妓间坐，酒酣作狂。"和客人相间而坐的当是官妓。

营妓，又称军妓，指军营中的妓女，主要为军队中的将士提供性服务。东汉袁康、吴平撰《越绝书》卷八记："独

图 10-2 明·杜堇《宫中图》局部（上海博物馆藏）

妇山者，勾践将伐吴，徙寡妇致独山上，以为死士示，得专一也。"这是关于女性劳军的较早记载。唐宋以后，营妓也接待文官。田汝成《西湖游览志馀》卷十六："唐宋间，郡守新到，营妓皆出境而迎，既去，犹得以鳞鸿往返，脯不为异。"

官妓是归于地方官府乐籍的妓女。《喻世明言》卷十七《单符郎全州佳偶》有："原来宋朝有这个规矩，凡在籍娼户，谓之'官妓'，官府有公私筵宴，听凭点名唤来祗应。"官妓主要任务是接待地方长官，在官府的宴会上表演文艺节目，兼有侍奉酒筵，但是一般不提供性服务（图 10-3）。

元朝末年有一部著名南戏《琵琶记》，讲述了书生蔡伯喈与赵五娘婚后进京赶考，当上状元后又娶了丞相的女儿。为了寻找蔡伯喈，赵五娘作为艺伎进入相府弹奏琵琶。《琵琶记》情节非常曲折，不同情节的版本也有多个，但赵五娘作为艺伎进入相府都是主要情节之一。图 10-4 表现的就是赵五娘在相府演奏的场景。

这个群体中有不少女性青史留名，如秦始皇的母亲赵姬，

图 10-3 明·吴伟《歌舞图》局部（故宫博物院藏）

图 10-4 明·《琵琶记》（选自周芜，《日本藏中国古版画珍品》，江苏美术出版社，1999 年）

为越国当卧底的西施，汉武帝的李夫人，东汉末年的貂蝉，南朝名妓苏小小，宋代的李师师，明代的王翠翘，明末清初的陈圆圆、董小宛、柳如是，清代的赛金花等。

中国古代多数朝代的贵族女性深居闺阁，即使外出也有遮蔽，或于轿中，或于车中，但是遮蔽与间隔丝毫没有影响时尚的传播，无论是宫廷时尚传到市井之间或者民间风俗传到贵族阶层。这其中的重要媒介就是倡优。倡优是古代的娱乐圈，负责表演戏剧、演出舞蹈歌曲、提供陪侍服务，他们穿梭于各个阶层之间，打扮必是入时的，虽然他们本意上不担负传播时尚的任务，但绝对成为引领时尚的风向标。

第二节　教坊历史

据1950年在殷墟中发掘出乐器和陪葬的24具女性骨架推测，殷商甚至更早时期宫廷就已经有优伶存在。"优伶"最早记载于《国语》和《左传》中，《国语·齐语》记载管仲答齐桓公问国家大事有一句："优笑在前，贤才在后。是以国家不日引，不月长。"说先君襄公因为亲优伶而疏贤才，所以没有使国家逐渐地富强。《管子·四称》有："昔者无道之君，……进其谀优，繁其钟鼓，流于博塞，戏其工瞽。"管子说昏君增加戏曲艺人，广置钟鼓音乐，沉溺于赌博游戏，玩赏乐人瞽者。《礼记·明堂位》有"瞽宗，殷学也"，郑玄注："瞽宗，乐师瞽矇之所宗也。"说的是商代将教授乐舞的机构称为"瞽宗"。远古时期优伶担负着娱乐宫廷贵族的任务。周代礼乐制度建立，宫廷乐舞机构庞大而严密，其乐舞之官下属有二十个分职。《史记·货殖列传》所记"今夫赵女郑姬，设形容，揳鸣琴，揄长袂，蹑利屣，目挑心招，出不远千里，不择老少者，奔富厚也"。说明战国时期的伶人已经以营利作为谋生手段。

秦汉时期设有"乐府",是一个融创作与演出为一体的音乐组织,其主要构成为民间艺人以及歌赋创作者,是一个优伶聚集的团体。汉武帝时,李夫人的哥哥李延年就是乐府的首领。公元前6年,乐府被取消。"百戏"自汉代开始繁荣。"百戏"指能为人们提供娱乐的各种伎艺,如演奏、歌舞、魔术、杂技、滑稽表演等等(图10–5)。"百戏"服务于更多民众,优伶的人数自然会更多。魏晋时期的"百戏"继续发展,并出现了不少新的剧目,此时舞台出现的女性角色由男性出演。《三国志·魏书·三少帝纪第四》裴松之注引《魏书》曰:"(曹芳)又于广望观上,使怀、信等于观下作辽东妖妇,嬉亵过度,道路行人掩目,帝于观上以为谯笑。"伶人郭怀和袁信饰演女性,作淫秽演出。魏晋南北朝时期贵族的家伎骤然增多,家伎地位在婢妾之间,类似于妾,也侍寝,但擅长歌舞

图10–5 东汉观伎画像砖(中国国家博物馆藏)

音乐。

唐高祖在宫中设内教坊，属太常寺管辖，主管教习音乐。武则天如意元年，改为云韶府，以宦官为使。开元二年，唐玄宗重新设内教坊于蓬莱宫侧，京都设左右教坊，掌俳优杂技，教习俗乐，以宦官为教坊使，以后教坊不再归太常寺管理。唐代崔令钦撰《教坊记》有："西京右教坊在光宅坊，左教坊在延政坊。右多善歌，左多工舞，盖相因成习。东京两教坊，俱在明义坊。"当时的长安和洛阳都设有左右教坊。"妓女入宜春院，谓之内人，亦曰前头人。常在上前也，其家犹在教坊，谓之内人家。"宜春院是皇家歌舞乐训、排演场所，里面主要是学习演艺的宫妓，也称"内人"，因为常在皇帝面前表演，也叫"前头人"，如果在教坊安家，称为"内人家"。同时在长安西北禁苑中设"梨园"为男艺人的教习地。

陪酒的妓女也属于教坊，新进士设宴找饮妓相陪属于常例。唐代孙棨《北里志》记："近年延至仲夏，京中饮妓籍属教坊，凡朝士宴聚，须假诸曹署行牒，然后能致于他处。惟新进士设宴，顾吏故便可行牒，追其所赠之资，则倍于常数。"

据《北里志》记载，诸妓所居之地在平康里入北门东回三曲。"妓中有铮铮者，多在南曲、中曲。其循墙一曲，卑屑妓所居，颇为二曲轻斥之。其南曲中者，门前通十字街，初登馆阁者多于此窃游焉。二曲中居者，皆堂宇宽静，各有三数厅事，前后植花卉，或有怪石盆池，左右对设，小堂垂帘，茵榻帏幌之类称是。"所以"曲里"指妓所居之地。

要退出教坊想必是非常困难的，《北里志》中提到前曲王团儿家的福娘和孙棨相从甚密，希望能托身于孙，孙棨说："甚知幽旨，但非举子所宜，何如？"福娘泣曰："某幸未系教坊籍，君子倘有意。一二百金之费尔。"也就是说没有入教坊的私妓从良，花费不是很多。

唐顺宗时期还让一些教坊女子回家，算做了一件好事。《旧唐书·顺宗本纪》有："三月庚午，出宫女三百人于安国寺，又出掖庭教坊女乐六百人于九仙门，召其亲族归之。"

宋代一些大城市里有商品交易的集合地，称为瓦子、瓦舍或瓦市，因此成为市井文化交汇之地。瓦子内用栏杆围成表演用的场地，称为"勾栏"或"游棚"。各种杂剧、杂技、说书、影戏、武术等都在瓦子演出。民间艺人，一般在勾栏演出，出色的优伶则服务于官方教坊和禁军。北宋的教坊在靖康之变中已经结束，但是南宋后又恢复建立了教坊。宋代宫廷在举行大型活动时，常需要抽调大量民间艺人补充人手。图10-6至10-8分别是五代、宋、元时期的艺伎表演场景。

金、元两代也设有教坊。明代设教坊司，属礼部管理。明末徐𬭛《本事诗》卷二记明代初年官妓制度与唐宋差不多，"国初缙绅宴集，皆用官妓，与唐宋不异。后始有禁耳。永乐中，晏铎《金陵元夕》：'花月春风十四楼。'今诸楼皆废，南市楼尚存。"明代顾起元在《客座赘语》卷七也记载，万历十年前教坊司还非常兴盛，南院有十余家，西园有三、四家。"其后不十年，南、西二院，遂鞠为茂草，旧院房屋，半行拆毁。"顾起元认为这也是明末民间财力虚羸的一个表现。

清初沿用明代制度，顺治元年设教坊司。据《清朝文献通考》卷一五五所记，清朝初年，"教坊司名目仍前明之旧，至雍正七年始改教坊司为和声署详俗部乐门。"卷一七四记，清初设太常、教坊二部，"太常乐员，例用道士，教坊则由各省乐户挑选入京，充补。""顺治八年，停止女乐，改用太监旧制。太皇太后宫、皇太后宫庆贺、行礼作乐俱教坊司妇女承应，至是改用太监四十八名。"顺治十二年又改用女乐四十八名，顺治十六年再改用太监，以后成为定制。清代废

图 10-6 南唐·舞蹈陶俑
（中国国家博物馆藏）

除教坊制度，其宫廷演出机构称为"南府"，规模达千人以上，道光七年改"南府"为"升平署"，"升平署"一直保持到清朝结束。

最迟至康熙十二年以后，京师及各省的官妓制度基本取消。但是娼妓一直是存在的。清初娼妓群居之地，在外城内之东西及外城外之南。清代禁止官吏士人狎娼。清沿用明制，凡文武官吏，宿娼者（包括挟妓饮酒）杖八十。媒合人减罪一等。监生、生员等，如果挟妓赌博则削职为民。

清代李斗撰《扬州画舫录》卷九《小秦淮录》引吴茝茨《扬州鼓吹词》序，概述了清代官妓的大致状态："郡中城内，重城妓馆，每夕燃灯数万，粉黛绮罗甲天下。吾乡佳丽，在唐为然，国初官妓，谓之乐户。土风：立春前一日，太守迎春于城东蕃釐观，令官妓扮社火：春梦婆一、春姐二、春吏

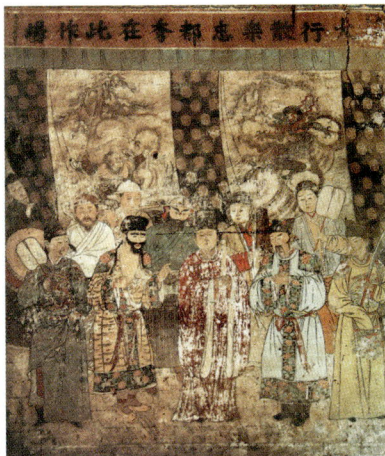

图 10-7 宋·佚名《杂剧·打花鼓图》(故宫博物院藏) 图 10-8 元·山西洪洞水神庙壁画

一、皂隶二、春官一。次日打春官，给身钱二十七文，另赏春官通书十本。是役观前里正司之。至康熙间，裁乐户，遂无官妓，以灯节花鼓中色目替之。扬州花鼓，扮昭君、渔婆之类，皆男子为之，故俗语有'好女不看春，好男不看灯'之训。官妓既革，土娼潜出，如私窠子、半开门之属，有司禁之。泰州有渔网船，如广东高椴艇之例，郡城呼之为'网船浜'，遂相沿呼苏妓为'苏浜'，土娼为'扬浜'。一逢禁令，辄生死逃亡不知所之，今所记载如苏高三、珍珠娘之类，尚昔年轶事云。"

清代秦淮河沿岸的妓院非常多，场面极热闹。清代珠泉居士撰《续板桥杂记》卷下载："闻之金陵父老云，秦淮河房，向虽妓者所居，屈指不过几家，开宴延宾，亦不恒有。自十余年来，户户皆花，家家是玉，冶游遂无虚日……丙申丁酉，夏间尤甚，由南门桥迄东水关，灯火游船，衔尾蟠旋，不睹寸澜，河亭上下，照耀如昼。诸名姬家广筵长席，日午至丙夜，座客常满，樽酒不空。大抵一日之间，千金糜费，真风流之薮泽，烟月之作坊也。余游金陵，在庚辛之交，已不及见尔日繁华。名姝如朱素贞、刘大子辈，皆如石氏翻风，退为房老矣。而风月平康，今犹视昔，至五月初五、十三两日，游船之盛，犹不减曩时也。"图10-9表现了清代江湖艺人走村窜乡打花鼓的场景。图10-10描绘了清代士人聆听乐伎演奏的场景。

倡优来源主要有如下几种。首先是贫人家子女走投无路，学艺卖艺，讨口饭吃。其次，罪臣家属被充入乐户，如明代靖难之役后，明成祖把忠于建文帝的齐泰、黄子澄、铁铉等人的妻女送到教坊司充当军妓。第三，通过战争得到的俘虏被充入教坊，如《宋史》卷一四二："自唐武德以来，置署在禁门内。开元后，其人寝多，凡祭祀、大朝会则用太常雅乐，岁时宴享则用教坊诸部乐。前代有宴乐、清乐、散乐，本隶太常，后稍归教坊，有立、坐二部。宋初循旧制，置教坊，凡四部。其后平荆南，得乐工三十二人；平西川，得

图10-9 清·周鲲《村市生涯图册》（打花鼓）（故宫博物馆藏）

图 10-10 清·禹之鼎《乔元之三好图卷》局部（南京博物院藏）

一百三十九人；平江南，得十六人；平太原，得十九人；余藩臣所贡者八十三人；又太宗藩邸有七十一人。由是，四方执艺之精者皆在籍中。"第四，从奴仆中挑选有技艺的从事娱乐。大部分倡优都可以买卖。倡优的构成复杂，应该说什么人都有。他们的活动范围也很大，几乎各朝的倡优活动遍及宫廷与民间，不同等级的优伶之间还有关联。古代笔记小说中记载的倡优故事大多发生在进士、官员之间。由于倡优特殊的社会属性，被称为"宫样妆"的宫廷服饰与妆容就有可能被优伶传入市井之间。而服务于官员的官妓也可能将民间的各种潮流传入贵族阶层，或进入宫廷。

第三节　压制与时尚

　　服色在封建等级社会是个相当严肃的事，服色表明了身份地位，穿错服色是触犯法律的。大多数朝代的倡伎穿着并不按法规来，经常和贵族阶层穿着差不多，以至于宋代至明代朝廷对于倡优服色颁布了多条禁令，这也从侧面反应了倡优服饰的时尚性。

《宋史·舆服五》权发遣提举淮南东路学事丁瑾言："衣服之制，尤不可缓。今闾阎之卑，倡优之贱，男子服带犀玉，妇人涂饰金珠，尚多僭侈，未合古制。臣恐礼官所议，止正大典，未遑及此。伏愿明诏有司，严立法度，酌古便今，以义起礼。俾闾阎之卑，不得与尊者同荣；倡优之贱，不得与贵者并丽。此法一正，名分自明，革浇偷以归忠厚，岂曰小补之哉。"《元典章》礼部卷之二记载："娼妓之家，多与官员士庶同着衣服，不分贵贱，今拟娼妓各分等第，穿着紫皂衫子，带着冠儿。"娼妓之家的家属，男性要裹青头巾，女性用紫色抹额。至元八年，"传奉圣旨：'随路娼妓，不戴冠儿者，中书省家官人每行文书，教戴去者。钦此。'都省照得先为娼妓之家，多与官员士庶同着衣服，不分贵贱，已经行下出榜省谕去讫。"《明史·舆服三》记："正德元年，禁商贩、仆役、倡优、下贱不许服用貂裘。"

明初关于教坊司冠服的规定显示了对倡伎的极端歧视。《明史·舆服三》有："教坊司冠服：洪武三年定。教坊司乐艺，青卍字顶巾，系红绿褡裤。乐妓，明角冠，皂褙子，不许与民妻同。御前供奉俳长，鼓吹冠，红罗胸背小袖袍，红绢褡裤，皂靴。色长，鼓吹冠，红青罗绉丝彩画百花袍，红绢褡裤。歌工，弁冠，红罗织金胸背大袖袍，红生绢锦领中单，黑角带，红熟绢锦脚裤，皂皮琴鞋，白棉布夹袜。乐工服色与歌工同。凡教坊司官常服冠带，与百官同；至御前供奉，执粉漆笏，服黑漆幞头，黑绿罗大袖襕袍，黑角偏带，皂靴。教坊司伶人，常服绿色巾，以别士庶之服。乐人皆戴鼓吹冠，不用锦绦，惟红褡裤，服色不拘红绿。教坊司妇人，不许戴冠，穿褙子。乐人衣服，止用明绿、桃红、玉色、水红、茶褐色。

俳、色长，乐工，俱皂头巾，杂色绦。"伶人戴绿头巾是一种耻辱标志。

关于绿头巾的贬义象征由来已久，唐代就以此为耻了。唐代封演撰《封氏闻见记》卷九《奇政》一篇记载："李封为延陵令，吏人有罪，不加杖罚，但令裹碧头巾以辱之。随所犯轻重，以日数为等级，日满乃释。吴人着此服出入，州乡以为大耻，皆相劝励，无敢僭违。"宋代绿巾也是地位低下人所用，如屠夫和酒保等。宋代沈括《补笔谈》卷二记载："孙伯纯史馆知苏州，有不逞子弟与人争'状'字当从犬、当从大，因而构讼。孙令褫去巾带，纱帽下乃是青巾。孙判其牒曰：'偏傍从大，书传无闻；巾帽用青，屠沽何异？量决小杖八下。'""绿帽子"的贬义至今还在使用。

明代邓士龙辑《国朝典故》卷四收录刘辰《国初事迹》有："太祖立富乐院于乾道桥。男子令戴绿巾，腰系红搭膊，足穿带毛猪皮靴，不容街道中走，止于道傍左右行，或令作匠穿甲。妓妇戴皂冠，身穿皂褙子，出入不许穿华丽衣服。……太祖又为各处将官妓饮生事，尽起赴京入院居住。"

当政者对倡优服饰的规定并不能从根本上抑制该行业的僭越行为。从整个历史来看，在政策管束严厉的时候，倡伎服饰僭越有所收敛；政治宽松的时候，从服饰上区分倡伎和贵族妇人并不容易。另外，各个时代对倡伎有关审美趣味的不同，也对服饰妆容有影响。

唐代诗人留下不少描写歌妓妆扮的诗。白居易《柘枝妓》诗："红蜡烛移桃叶起，紫罗衫动柘枝来。带垂钿胯花腰重，帽转金铃雪面回。"法宣《和赵王观妓》："城中画广黛。"崔仲容《赠歌妓》诗："黛眉轻蹙远山微。"张籍《倡女词》"轻鬓丛梳阔扫眉。"储光羲《夜观妓》："花映垂鬟转。"刘禹锡《赠李司空妓诗》："高髻云鬟宫样妆。"白居易《同诸客嘲雪中马上妓》："珊瑚鞭斲马踟蹰，引手低蛾索一盉。腰为逆风成弱柳，面因冲冷作凝酥。银篦稳篸乌罗帽，花襜宜乘叱拨驹。雪里君看何所似，王昭君妹写真图。"

宋代陶穀《清异录》卷下记："僖、昭时，都市倡家竞事妆唇，妇女以此分妍否。其点注之工，名字差繁。其略有：胭脂晕品、石榴娇、大红春、小红春、嫩吴香、半边娇、万金红、圣檀心、露珠儿、内家圆、天宫巧、洛儿殷、淡红心、腥腥晕、小珠龙、晕唐媚、花奴样子。"

唐末女子喜欢在头上满插梳篦，伎人也不例外。《清异录》卷下记："洛阳少年崔瑜卿，多资，喜游冶，尝为倡女玉润子造绿象牙五色梳，费钱近二十万。"白居易《琵琶行》："满头云篦击节碎。"元稹《恨妆成》："满头行小梳，当面施圆靥。"

宫人妆容也常常被倡伎采用。白居易《时世妆》说："时世妆，时世妆，出自城中传四方。"此时的妇人都学此妆。《新唐书·五行志》："元和末，妇人为圆鬟椎髻，不设鬓饰，不施朱粉，惟以乌膏注唇，状似悲啼者。"晚唐司空图《歌》诗也有："处处亭台只坏墙，军营人学内人妆。太平故事因君唱，马上曾听隔教坊。"说的是营妓也用宫人妆。

五代孙光宪《北梦琐言·逸文补遗》记："蜀后主自裹小巾，卿士皆同之。宫妓多衣道服，簪莲花冠，每侍燕酣醉，则容其同辈免冠，鬖然其髻，别为一家之美。因施胭脂，粉颊莲额，号曰'醉妆'，国人效之。又作歌词云：'这边走，那边走，只是寻花柳。那边走，这边走，莫厌金杯酒。'"五代时，宫廷醉妆也传到花街柳巷。清代陈维崧在《湖海楼集》卷九《广陵杂感》也有："隔江十四楼中女，多少珠帘学内妆。"元代佚名《东南记闻》卷三记宋代妇女对襟衣服前面敞开不扣的样式也是自宫廷传出："宣和之季，京师士庶竞以鹅黄为腹围，谓之'腰上黄'。妇女便服不施衿纽，束身短制，谓之'不制衿'，

图10-11清·男装妓女（选自：F.M. Bertholet, *Concubines and Courtesans-Wormen in Chinese Erotic Art*, Prestel Publishing LTD., 2010）

始自宫掖，未几，而通国皆服之。"

明末谈迁《枣林杂俎·和集》女饰记："弘治正德初，良家耻类娼妓。自刘长史更仰心髻效之，渐渐因袭，士大夫不能止，近时冶容，犹胜于妓，不能辨焉。风俗之衰也。"良家妇女妆饰效仿倡伎的现象一直存在，文中所记倒是有点大惊小怪了。另外，妓女效仿良家妇女的现象也颇为常见。民国时期，妓女在服装、妆容和举动等方面都尽量模仿大家闺秀的样子，甚至模仿女学生的装束，也梳西洋式的发式，还戴金丝眼镜。清末苹梗所撰《秦淮感旧集》说："三五年来，争妍斗媚，竞效新妆。每见秦淮名妓之最著者，不施脂粉，淡扫蛾眉，长发如云，松松编就。纤腰似柳，款款生姿。或效美男子装，愈增妩媚。或效女学生装束，居然大家。是以湖海宾朋，乌衣子弟，靡不目眩神迷，逢迎恐后，情长气短，沉溺日深也。"学生装和男装是清末民初妓女常用夺人眼球的手段。（图10-11）

清代一些笔记记载了妓女的各种装束和流行。捧花生所撰《画舫馀谭》记载了苏州人开设的铺子，有极其丰富的各种服饰出售给妓女："姚家巷、利涉桥、桃叶渡头多苏州人开列星货铺，所鬻手绢、鼻烟、风兜、雨伞、纱皱衣领、皮绒衣领、棠木屐、重台履、香裹肚、洋印花巾袖、顾绣花巾袖、云肩、油衣、结子荷包、刻丝荷包、珊瑚荷包、珍珠荷包、结子扇套、刻丝扇套、珊瑚扇套、珍珠扇套、妆花边、绣花边、金彩鬼子栏杆貂勒、缎勒、义髻、闹妆、步摇、流苏、裦朵之类，炫心夺目，闺中之物，十居其九。故诸姬妆饰，悉资于此。固由花样不同，亦特视为奇货矣。"

清代李斗所撰《扬州画舫录》卷十一有："小秦淮妓馆常买棹湖上，妆掠与堂客船异。大抵梳头多双飞燕、到枕松之属。衣服不着长衫，夏多子儿纱，春秋多短衣，如翡翠织绒之属，冬多貂覆额、苏州勒子之属。船首无侍者，船尾仅一二仆妇。游人见之，或隔船作吴语，或就船拂须握手，倚栏索酒，倾卮无遗滴。甚至湖上市会日，妓舟齐出，罗帏翠幕，稠叠围绕。韦友山诗云'佳话湖山要美人'，谓此。"《李香君小像》描绘了清人眼中的明末名妓，图10-12李香君是"秦淮八艳"之一，画中的衫子罗裙可为《扬州画舫录》视觉上的补充。

清代箇中生《吴门画舫续录·吴门画舫续录纪事》有："时世妆，大约十年一变。余弱冠时，见船娘新兴缓鬓高髻，鬓如张两翼，髻则叠发高盘，翘前后股，簪插中间，俗呼元宝头，意仿古之芙蓉髻。后改为平二股，直叠三股，盘于髻心之上，簪压下股，上关金银针，意仿古之四起髻。今又改为平三套，平盘三股于髻心之外，意仿古之灵蛇髻也。鬓则素尚松缓，若轻云笼月然。"

清代余怀《板桥杂记》卷上说："南曲衣裳妆束，四方取以为式，大约以淡雅朴素为主，不以鲜华绮丽为工也。初破瓜者，谓之'梳栊'，已成人者，谓为'上头'，衣衫皆客为之措办。巧样新裁，出于假母，以其余物自取用之。故假母虽年高，亦盛妆艳服，光彩动人。衫之短长，袖之大小，随时变易，见者谓是'时世妆'也。"

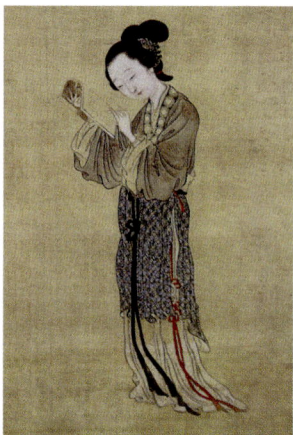

图10-12 清·陈清远《李香君小像》局部（清华大学美术学院藏）

清代珠泉居士《续板桥杂记》卷上有："院中衣裳妆束，以苏为式，而彩裾广袖，兼效维扬，惟睡鞋用之者少。余见河房诸姬，咸以素帛制为小袜，似膝裤而有底，上以锦带系之，能使双缠不露，且竟夕不松脱也。其履地用方头鞋，如童子履而无后跟，即古靸鞋遗制，灯影下曳之以行，亦复彳亍有致。至于抹胸，俗称肚兜，夏纱冬绉，贮以麝屑，缘以锦缋，乍解罗襟，便闻香泽，雪肤绛袜，交映有情，此尤服之妖者。"

以上种种记载都说明了倡伎的妆扮都是非常光艳入时的，无论是妆容还是服饰都样式繁多，有些追求古意，有的还寻求与他人不一样的个性装扮。所以，古代走在时尚前沿并对时尚传播贡献最大的就是倡优。

第四节　百媚横生

各时期对倡伎的审美标准不太一样，虽然都是冲着色去的，不过这个色从唐代至清代的标准很不一样。隋唐时期，文人狎妓是普遍现象，朝廷对此不大干涉。据唐代孙棨《北里志》记载来看，唐代的妓女美的标准与聪慧以及音律相关，似乎对色相不那么讲究。如《北里志》所记的杨妙儿貌不甚扬，利口巧言，诙谐臻妙；郑举举非貌者，但负流品，巧诙谐；王团儿谈论风雅，且有体裁；小福虽乏风姿，亦甚慧黠；王苏苏女昆仲数人，亦颇谐谑；张住住少而敏慧，能解音律。可知唐代妓女的文化水平较高，不少还能与文人和诗。

唐代徐州名伎关盼盼是徐州守帅张建封的妾。白居易曾赞美关盼盼："醉娇胜不得，风袅牡丹花。"张建封去世后，关盼盼为其守节十余年。传说，白居易作诗说她只能守节不能殉节，关盼盼非常痛心，后绝食而死。关盼盼留下的几首诗体现了她的才学。图10-13是明代人绘制的关盼盼。

唐代还有一位因刘禹锡的诗而留名的杜韦娘，唐代孟棨

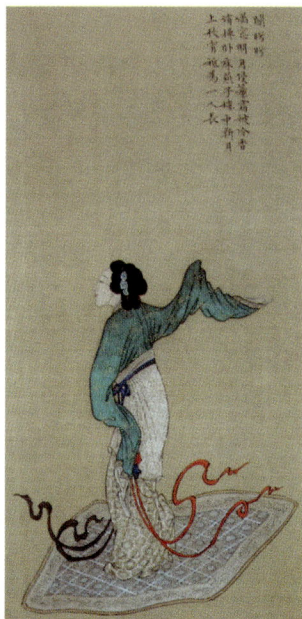

图 10-13 明·佚名《千秋绝艳图
卷·关盼盼》局部

图 10-14 明·佚名《千秋绝艳图
卷·杜韦娘》局部

《本事诗》有："刘尚书禹锡罢和州，为主客郎中、集贤学士。
李司空罢镇在京，慕刘名，尝邀至第中，厚设饮馔。酒酣，
命妙妓歌以送之。刘于席上赋诗曰：'鬟髻梳头宫样妆，春
风一曲《杜韦娘》。司空见惯浑闲事，断尽江南刺史肠。'李
因以妓赠之。"杜韦娘唱歌一定非常美妙。"杜韦娘"后来还
成为词牌名。图 10-14 为明代人绘制的杜韦娘。

　　宋元时期，对妓女的要求非常全面，不但要相貌和才艺
俱佳，还要聪慧。如元代夏庭芝撰《青楼集》记载妓女曹娥
秀："京师名妓也，赋性聪慧，色艺俱绝。"一天，著名书法家鲜
于枢（字伯机）开宴，座客皆名士。鲜于枢因事入内，命曹
娥秀行酒数圈。鲜于枢从里面出来，客人说："伯机还没喝

酒啊。"曹蛾秀也说："伯机还没喝酒。"当时小辈直呼长者的字是无礼举动，所以客人都笑了："你直呼伯机，那你俩的关系实在是太亲爱了。"鲜于枢装作发怒说："小鬼头敢如此无礼！"曹蛾秀："凭啥我不能叫你伯机，却只许叫你王羲之啊！"满座宾客哄堂大笑。

倡优也有选秀比赛，称"评花榜"，大致在北宋熙宁年间就有了这种活动。《清稗类钞》十一册《娼妓类·妓有花榜》记："伶之花榜行于京师，而妓之花榜则屡见不一见，亦以状元、榜眼、探花甲乙之。一经品题，声价十倍，其不得列于榜者，辄引以为憾。然其间黜陟，亦系乎个人之爱憎，且亦有行贿而得者，其不足征信，亦与伶之花榜无以异也。"其后列举清代苏州和上海等地多次花榜的盛况和结果，这里只引用其一："顺治丙申秋，松江沈某至苏，欲定花榜，与下堡金又文招致苏松名姝五十余人，选虎丘梅花楼为花场，品定高下，以朱云为状元，钱端为榜眼，余华为探花，某某等为二十八宿，彩旗锦帱，自胥门迎至虎丘，画舫兰桡，倾城游宴。"

《板桥杂记》也记有"评花榜"活动："己卯岁，牛女渡河之明夕，大集诸姬于方密之侨居水阁。四方贤豪，车骑盈闾巷。梨园子弟，三班骈演。水阁外，环列舟航如堵墙。品藻花案，设立层台，以坐状元。二十余人中，王微波第一，登台奏乐，进金屈卮。南曲诸姬皆色沮，渐逸去。天明始罢酒。次日，各赋诗纪其事。余诗所云'月中仙子花中王，第一姮娥第一香'者是也。微波绣之于蜕巾，不去手。"王微波还将第一称号绣在蜕巾上。

明清时期，是否有双小脚成了评价女子的第一要素，倡优也不例外。（图10-15）一位生于清代的女演员，如果没有一对三寸金莲，那在这个行当是相当艰难的。清末，选择妓女，

图 10-15 民 国·戏 莲 图 (选 自 Michel Beurdeley《Chinese Erotic Art》、Chartwell Books,INC.，1969)

只要双足够小，绣鞋够精致，即使相貌才艺平庸一些，一样受欢迎。如果是一双大脚，即使貌若天仙也难有人青睐。

晚明的文人徐钠在其《本事诗》卷七有林云凤所作《鞋杯行》诗，其记叙了游秦淮用妓之弓鞋行酒之事。诗前记："余游秦淮，偶与一二胜友过朱较书撄宁馆，酒间出两只锦鞋贮杯以进曰，此所谓鞋杯也。自杨铁史而后再见于何孔目，元郎才情正堪鼎足两公，余闻之，喜甚，不意风尘中人，谑有如此者。"其后有诗说："秦淮艳女字无瑕，为余笑脱干红鞋，酒间突出华筵上，短窄纤新才一絅。"文人狎妓如此重视小脚，在明清时成为风气。图 10-16 为清人想象中的前朝妓女陪酒场面。

图 10-16 清·《金瓶梅》插图（选自 Michel Beurdeley*Chinese Erotic Art*，Chartwell Books,INC.，1969）

《采菲录·劝放足歌》记载了当时妓女以纤足和肤白为美："天津北门外侯家后为旧时妓女总汇，举凡归贾胡同一带，林立皆妓馆也。光绪庚子后，就余所知，此处以纤足著名之妓，曰贾玉文，曰白金宝（非姓白，以其肤色白也），皆友识也。金宝所着之靴子，余曾对而图写之。此稿藏之至今，未曾设色，前尘如梦，思之索然。"

演员还有因为足小而闻名的。"清光绪三十三年丁未，同温子英、顾叔度二君组织《人镜报》馆于日租界德庆里（现为福仙池澡堂），比邻为女伶王克琴及杜云卿、云红、云美、云喜所谓"四杜"者所居。克琴皮簧花衫，云卿秦腔花衫，云红青衫，云美丑婆，云喜生，皆秦腔。舍云美外，悉纤足。克琴足最纤，名最著。时克琴正排《坐楼杀惜》，日日于午餐前闻其演唱四平调，登台时亦时时故显弄其纤足。杜云卿尤甚。四杜中云红较庄重，足亦最纤。"

《采菲录·葑菲续谈》说："《戏世界·西安通讯》云，

明星评戏社新由津邀到著名花衫赵凤珍、凤宝姊妹，均花信年华，风流娟秀，莲钩纤小，尤为奇特。故号召力颇大，登台以来，日夜客满。"

当时也有许多关于妓女的小脚记载，尤其名妓，都有一双小足。

《板桥杂记》记："顾媚，字眉生，又名眉。庄妍靓雅，风度超群，鬉发如云，桃花满面，弓弯纤小，腰肢轻亚。通文史，善画兰。追步马守真，而姿容胜之，时人推为南曲第一。""张元，清瘦轻佻，临风飘举。齿少长，在少年场中，纤腰踽步，亦自楚楚，人呼之为'张小脚'。"顾喜因为丰满且脚不够小，则被人取了不雅的绰号："顾喜，一名小喜，性情豪爽，体态丰华，双趺不纤妍，人称为顾大脚，又谓之'肉屏风'。"

图 10-17 清·妓院听曲

《续板桥杂记》记："郭三，名心儿，丹阳人。余曾于辛夏邂逅河亭，顾而婉，丰而逸，素肌纤趾，温乎如莹。"若是脚大的则想办法遮掩一下。"马四，苏州人。身躯弱小，明眸善睐，肤如凝脂，殆江淹赋所云'气柔色靡'者。惟双趺不甚纤妍。常靸小方鞋（俗名拖鞋）作忙促装，掩其微疵。"

清代玉鲇生汇编的《花国剧谈》记载了各处名妓，姿容、肤质等优越于众人以外，大多有傲人的小脚。如："福蟾，江右人。吴城镇章台中巨擘也。年近破瓜，貌逾娇杏，双翘纤削，锐如结锥，真觉一握凌波，愈饶丰韵也。""娥娥，亦阿四之养女，翠翠姊妹行也。面润如玉，肤莹于脂，妩媚多姿，巧笑善睐，足下双翘，仅三寸许，凌波微步，婀娜动人。""绣蓉，姓李氏，金陵人。姿容端丽，丰韵苗条，正如初日芙蓉，晓风杨柳。其妹紫蓉，态尤艳绝，双翘瘦不盈指，凌波欲渡，翩风疑仙，且复发不加泽，肌不留手，非尘寰中寻常女子也。鸨母尤怜爱之，居以为奇货。""莲真，粤人也。玉肌瑶骨，爱作艳妆，双翘纤瘦，不盈一握，弱不胜衣，使作掌上舞，不减汉宫飞燕也。"图10-17中的歌妓一双三寸金莲非常显眼地露在外边。

《秦淮画舫录》所记美妓之美也大抵如此，如："王小苧，字倚红，瑶雾阁艳雪女也。适伶人郭兰，年十七，美丽不逊其母，而冷隽处或又过之。莲瓣纤纤，花鬟袅袅，琼筵绮席，顾盼生春。余过姬时，值其晨妆未竟，悄拥圆冰，手挽青丝三五绺，犹委地尺余。双腕莹腻如雪。""多子，行一，姓杨，年十三，秋水家卖珠儿也。芳龄豆蔻，羞匷芙蓉，六寸肤圆，春光致致。""曹素琴，小字凤。住牡蛎园西，复室层轩，翛然意远。品新声则朝朝琼树，衡逸态乃步步金莲。""玉珍，蒋九女也，号袭香，同居文心家。丰姿濯濯，向人瓠犀一露，百媚俱生。性尤灵敏，工小调。近有新腔号'三十六心'者，当筵一奏，令人魂魄飞越。尤在裙下双钩，曾见其珊珊微步，恍坐吴宫响屦廊，听弓弓点屦声也。"

《扬州画舫录》卷九《小秦淮录》有："小兴化姓李，色中上，丰肌弱骨，雾鬓烟鬟，足小不及三寸，望之亭亭，疑在云中。""徐二官，字砚云，江阴人。身小神足，肌理白腻，善吹箫谐谑，每一吐语，四座哗笑。"

清代采蘅子所撰《虫鸣漫录》卷一还有伶人调养皮肤的方法："京都幼伶，每曲部俱十余人，习戏不过二三折，务求其精，杂以诙谐，故名噪甚易，至眉目美好，皮肤洁白，则另有术焉。幼童皆买自他地方，苏、杭、皖、浙为最。择五官端正者，令其学语、学视、学步，各尽其妙。晨兴，以淡肉汁盥面，饮以蛋清汤，肴馔亦极浓粹，夜则药敷遍体，帷留手足不涂，云泄火毒，三、四月后，婉变如好女，回眸一顾，百媚横生，虽惠鲁亦不免销魂矣。"

清代有一幅很有趣的版画《海上名妓游张园》，（图10-18）描绘了当时著名的妓女，除了有傲人的小脚，她们还非

图10-18 清·版画（选自：F.M. Bertholet, *Concubines and Courtesans－Women in Chinese Erotic Art*，Prestel Publishing LTD.，2010 ）

图 10-19 民国·《风月画报》插图

常时尚，会骑自行车。在图的左上，是花榜评选出局的"小如意"。当时妓女因为脚小，行动不变，出门要不坐车，要不就需要如图中所示，由龟奴背着出门。

民国时期大城市的倡优装扮则非常西化，发型已经脱离了传统高发髻，使用的多是西式发饰（图 10-19）。